ANOS DE CHUMBO
O TEATRO BRASILEIRO NA CENA DE 1968

Cacilda Becker e a classe artística de São Paulo declaram desobediência civil na 1ª Feira Paulista de Opinião

SERVIÇO SOCIAL DO COMÉRCIO
Administração Regional no Estado de São Paulo

Presidente do Conselho Regional
Abram Szajman
Diretor Regional
Danilo Santos de Miranda

Conselho Editorial
Ivan Giannini
Joel Naimayer Padula
Luiz Deoclécio Massaro Galina
Sérgio José Battistelli

Edições Sesc São Paulo
Gerente Marcos Lepiscopo
Gerente adjunta Isabel M. M. Alexandre
Coordenação editorial Francis Manzoni, Clívia Ramiro, Cristianne Lameirinha
Produção editorial Maria Elaine Andreoti
Coordenação gráfica Katia Verissimo
Produção gráfica Fabio Pinotti
Coordenação de comunicação Bruna Zarnoviec Daniel

A. P. QUARTIM DE MORAES

 **ANOS DE CHUMBO**
O TEATRO BRASILEIRO
NA CENA DE 1968

© A. P. Quartim de Moraes, 2018
© Edições Sesc São Paulo, 2018
Todos os direitos reservados

Preparação José Ignacio Mendes
Revisão Maria Elaine Andreoti, Elba Elisa Oliveira
Projeto gráfico e diagramação Negrito Produção Editorial
Capa Negrito Produção Editorial

Moraes, A. P. Quartim de
  Anos de chumbo: o teatro brasileiro na cena de 1968 / A. P. Quartim de Moraes. – São Paulo: Edições Sesc São Paulo, 2018.
  192 p. il.

  ISBN 978-85-9493-143-6

  1. Teatro Brasileiro. 2. História. 3. Ditadura militar. 4. 1968. 5. Anos de chumbo. I. Título. II. Subtítulo.

M791a   CDD 869.92

Edições Sesc São Paulo
Rua Cantagalo, 74 – 13º/14º andar
03319-000 – São Paulo SP Brasil
Tel. 55 11 2227-6500
edicoes@edicoes.sescsp.org.br
sescsp.org.br/edicoes
 /edicoessescsp

Em memória de

Edla van Steen
Gianni Ratto
Lola Tolentino
Plínio Marcos
Sábato Magaldi
Umberto Magnani

amigos queridos

SUMÁRIO

11 Apresentação *Danilo Santos de Miranda*

13 Primeiro ato (Preâmbulo): Assim foi, se não duvidas
23 Segundo ato (Contextualização): Muito barulho por tudo
85 Terceiro ato (Reportagem): Vestidos de farda

153 ANEXOS
155 O que pensa você da arte de esquerda? *Augusto Boal*
166 O sistema coringa *Augusto Boal*
171 Manifesto Oficina *Zé Celso*
175 O teatro agressivo *Anatol Rosenfeld*

185 Agradecimentos
187 Obras consultadas
189 Créditos das imagens
191 Sobre o autor

O TEATRO NA DEMOCRACIA

Danilo Santos de Miranda
Diretor Regional do Sesc São Paulo

Desde o início da década de 1950, a modernização da dramaturgia brasileira tornara-se preocupação constante, como se verifica na criação de importantes grupos de vanguarda como o Teatro de Arena, o Teatro Oficina e o Grupo Opinião. Na década de 1960, essas e outras companhias precisaram, para defender sua sobrevivência física e cultural, transformar o palco em uma trincheira de resistência democrática ao regime militar, que, quatro anos depois de imposto ao país em nome da "defesa da democracia", tornara-se repressivo e truculento, sobretudo no campo das ideias.

A censura às artes no Brasil não se limitou às décadas de 1960 e 1970; ocorre ainda hoje, por exemplo, quando interditam espetáculos teatrais e cancelam exposições. Mas perdura também a resistência aos autoritarismos, fundamental para a consolidação da democracia no país, o pleno desenvolvimento das nossas forças criativas e o equilíbrio entre grupos sociais com perspectivas distintas sobre governança.

Este livro valoriza a trajetória de atores, diretores e profissionais do teatro no palco da resistência democrática, expondo alguns dos acontecimentos fundamentais da história das artes cênicas no Brasil. Os eventos são apresentados em perspectiva histórica, atrelando causas e consequências, arrolando fatos e declarações, trazendo testemunhos da gente do teatro que os protagonizou, bem como de políticos, intelectuais, acadêmicos,

« Célia Helena em cena da peça *O balcão*, de Jean Genet.

críticos e representantes das artes cênicas atuais, que, além de colaborar na compreensão desses eventos, oferecem reflexões críticas sobre o teatro realizado do ponto de vista da dramaturgia. Nos anexos, textos de Augusto Boal, José Celso Martinez Corrêa e Anatol Rosenfeld trazem ao leitor de hoje algumas discussões formais e sociais do período.

Ao explorar a temática do teatro brasileiro no contexto do emblemático movimento de Maio de 1968, que completa cinquenta anos, o jornalista A. P. Quartim de Moraes aborda os acontecimentos que marcaram o período com o intuito de registrar na memória dos leitores esse momento histórico que deixou marcas indeléveis, mas colaborou para o amadurecimento do teatro brasileiro e, decerto, de nossa ainda jovem e frágil democracia. Nessa mesma direção, o Sesc procura valorizar a memória do teatro brasileiro e, ao mesmo tempo, contribuir para a reflexão sobre temas recolocados pela história atual, como o respeito aos direitos humanos e à liberdade de expressão e criação artística.

PRIMEIRO ATO
ASSIM FOI, SE NÃO DUVIDAS

"No teatro tudo é verdade.
Até a mentira."

Augusto Boal

Mil novecentos e sessenta e oito foi o ano em que o governo civil--militar imposto pelo golpe de 1º de abril de 1964 abandonou a máscara da mobilização democrático-patriótica que pretextava salvar o Brasil do comunismo e da corrupção e escancarou o caráter de ditadura militar de direita que subjugaria o país por mais 17 anos. Mas naqueles últimos 12 meses antes que a linha dura militar, por meio do abominável Ato Institucional nº 5, aplicasse um golpe dentro do golpe para mergulhar o país nas trevas de uma ditadura institucionalizada, a consciência democrática nacional resistiu bravamente em defesa da liberdade. Nas fileiras dessa resistência engajou-se corajosamente, e pagou caro por isso, a vanguarda da sociedade brasileira, representada pelo generoso voluntarismo do movimento estudantil e pela destemida obstinação pela liberdade de intelectuais e artistas genuinamente democratas. Foi nesse cenário desafiador que a gente do teatro brasileiro escreveu as páginas mais dramáticas de sua história.

Essa história, contudo, está óbvia e estreitamente integrada a um contexto mais amplo em que os artistas e intelectuais compartilharam com o movimento estudantil o protagonismo nesse palco da resistência ao arbítrio. É necessário, portanto, para contar por inteiro a história do teatro de 1968 – uma história que tem, na verdade, mais a ver com a política, no seu melhor sentido, do que com a arte cênica –, espelhá-la com a movimentação estudantil, com a qual compartilhou a missão de vocalizar, cada qual à sua maneira, o grito de protesto da alma nacional contra a opressão da caserna. Até porque o movimento estudantil empenhou-se naquele período, ele também, em fazer teatro como recurso adicional de manifestação de protesto e de conscientização política.

Por todo o país, de modo especial nos centros universitários mais politizados, era difícil encontrar um grêmio estudantil que não desenvolvesse, dentro de uma frequentemente intensa programação cultural, atividades teatrais, no mais das vezes politicamente engajadas. O exemplo mais significativo foi a criação, em 1962, do Centro Popular de Cultura (CPC), no âmbito da União Nacional dos Estudantes (UNE), com uma ampla programação cultural e artística que dava destaque ao teatro.

A sólida aliança entre as, digamos assim, classes teatral e estudantil desde o golpe de 1964, potencializada em 1968, expressou-se principalmente pela intensa reciprocidade de ações. A dramaturgia levada aos palcos pelos grupos teatrais, profissionais e amadores, politicamente engajados, foi um poderoso estímulo à participação ativa dos jovens na resistência democrática, muito embora esse estímulo pudesse ser eventualmente criticado pelo fato de ser, mais que o da razão, um estímulo de que eles geralmente não são carentes: o do voluntarismo.

A solidariedade ativa dos estudantes à gente do teatro aconteceu naquele momento também pela disposição dos jovens de integrar esquemas de segurança dentro e fora das casas de espetáculo, quando se tornaram comuns as ameaças e atentados de grupos paramilitares, como o Comando de Caça aos Comunistas (CCC), aos elencos e equipes técnicas de peças consideradas "subversivas" ou "pornográficas". O movimento estudantil marcou presença também ao lado dos artistas quando, para protestar contra editorial de *O Estado de S. Paulo* que denunciava a "amoralidade" de muitos espetáculos, a gente do teatro decidiu devolver os prêmios Saci, que o jornal patrocinava. Os artistas, por sua vez, inclusive as "celebridades", atendiam sempre com boa vontade aos convites para prestigiar atos públicos organizados pelo movimento estudantil, dos quais o melhor exemplo foi a Passeata dos 100 Mil, realizada no Rio de Janeiro.

A ilusão inicial

O teatro brasileiro estava mergulhado, desde a década de 50, numa viva preocupação tanto com a modernização da dramaturgia nacional quanto com a atualização de sua linguagem cênica nos moldes das mais importantes experiências internacionais. Empenhava-se, enfim, no necessário aprimoramento profissional de seus quadros. É claro que, em plena Guerra Fria, os reflexos internos da radicalização política no âmbito mundial tinham como principal efeito a tendência à polarização direita-esquerda, à qual a atividade teatral não poderia permanecer alheia. E é nesse contexto que surgiu o golpe militar de 1º de abril.

Embora inevitavelmente contagiada por essa tendência e aliada – até por razões de sobrevivência – aos que resistiam ao golpe, de início a vanguarda do movimento teatral permaneceu relativamente tranquila em relação ao tratamento que poderia esperar do governo. Havia boas razões para isso. A principal delas era o fato de o primeiro general-presidente, Humberto de Alencar Castello Branco, ser reconhecido como um intelectual politicamente moderado que, além disso, era declarado amante do teatro e frequentador habitual das casas de espetáculo. No mais, dera demonstrações de respeito e apreço à gente do teatro ao nomear para a direção do Serviço Nacional de Teatro (SNT), menos de dois meses depois de sua posse, uma estudiosa e crítica teatral de grande prestígio, Bárbara Heliodora. Para completar, a Campanha Nacional de Teatro, promovida pelo SNT, passou a ter um Conselho Consultivo integrado por gente muito respeitada nos círculos culturais e artísticos, como Carlos Drummond de Andrade, Décio de Almeida Prado, Adonias Filho, Gustavo Doria e Agostinho Olavo.

Em *O teatro sob pressão* (Jorge Zahar Editor, 1985), Yan Michalski expõe talvez a melhor razão pela qual, pelo menos no primeiro ano do golpe, a gente do teatro alimentou a esperança de que poderia conviver sem grandes sobressaltos com a ditadura civil-militar:

> Em novembro, quando uma dessas periódicas vazantes de bilheterias colocava a classe em pânico, o presidente recebia em palácio, às seis horas da manhã,

uma delegação da categoria, que lhe pedia uma ajuda de emergência, concedida no ato, mediante autorização de uma verba extraordinária a cada um dos 19 espetáculos profissionais em cartaz no Rio, auxílio este logo a seguir estendido às produções exibidas em São Paulo. Quem iria desconfiar que um governo chefiado por um presidente aparentemente tão bem-intencionado em relação ao teatro iria transformar-se num inimigo dessa atividade? [p. 17]

A tolerância inicial do governo militar com o teatro, no entanto, restringia-se à atividade profissional. O teatro amador praticado pelo movimento estudantil mereceu, desde o primeiro dia do golpe, o rigor reservado às atividades "subversivas". Conta Michalski:

Quando as tropas desceram de Minas para o Rio, a 31 de março de 1964, o CPC se achava na reta final das obras através das quais o precário auditório da UNE estava sendo transformado numa moderna sala de espetáculos, a ser inaugurada poucas semanas depois, com a estreia de *Os Azeredos mais os Benevides*, de Oduvaldo Vianna Filho, já em ensaios, sob a direção de Nelson Xavier. No dia 1º de abril o prédio da UNE ardia em chamas, que destruíram completamente o que seria o futuro teatro. [p. 16]

O general Castello Branco havia assumido a Presidência da República com o compromisso de "redemocratizar o país", o que implicava convocar eleições para restabelecer o poder civil tão logo as Forças Armadas dessem por cumprida a missão de "livrar o Brasil do comunismo e da corrupção". Ocorre que os militares, associados a lideranças civis empenhadas em preservar os interesses da oligarquia que historicamente mantinha o governo a seu serviço, rapidamente cederam à sedução do poder e passaram a encontrar pretextos para alongar o tempo de sua "missão". O principal desses pretextos a chamada "linha dura" foi buscar no fato de que as lideranças genuinamente democráticas da sociedade civil brasileira logo se reuniram numa frente ampla de combate político às imposições do poder armado. Para os militares, isso era inaceitável. Uma afronta às Forças Armadas. E as primeiras eleições gerais consentidas pelo "governo revolucionário" revelaram claramente que os brasileiros rejeitavam o golpe. O "erro estratégico" da realização dessas eleições foi rapidamente corrigido pela linha dura. Os partidos políticos já haviam sido extintos e substituídos por apenas duas legendas, Aliança Renovadora Nacional (Arena), situacionista, e Movimento Democrático Brasileiro (MDB), oposicionista. Acabaram então com as eleições diretas para presidente, governadores e prefeitos, que passaram a ser escolhidos pelas respectivas casas legislativas atendendo a indicações do poder central. Em março de 1967, Castello Branco foi substituído por outro general, Artur da Costa e Silva, mais afinado com "a necessidade de preservar os princípios revolucionários". E, a partir do fim dos anos 60, a tentativa suicida de resistência por meio da luta armada, que resultou da associação do dogmatismo ideológico com o voluntarismo juvenil, passou a fornecer motivos de sobra para o mergulho nas trevas.

O teatro como instrumento de luta

Desde seus primórdios, nos anos 50, cada um à sua maneira, Arena (o grupo teatral) e Oficina demonstraram sempre a mesma preocupação com os temas nacionais, especialmente os de conteúdo social, e com a melhor maneira de, mais do que apresentá-los, "discuti-los" em cena. As definições amplas tendem a pecar pela falta de precisão, mas pode-se dizer que, em termos tanto de diagnóstico da problemática social quanto de sua transposição para o palco, ou seja, sua dramatização, o Arena desenvolveu, de modo geral, um trabalho mais, digamos, ortodoxo, em termos tanto políticos quanto artísticos, atendo-se, no mais das vezes, à encenação realista calcada na conjugação do método Stanislavski com o "teatro épico" de Bertolt Brecht. Fernando Peixoto, homem do Oficina que sempre manteve relações próximas com o pessoal do Arena, argumentava a favor dessa linha de trabalho: "Brecht recusa o espetáculo como hipnose ou anestesia: o espectador deve conservar-se intelectualmente ativo, capaz de assumir diante do que lhe é mostrado a única atitude cientificamente correta – a postura crítica".

O Oficina, por sua vez, embora tenha visitado, principalmente em seus primeiros anos, Stanislavski, Brecht, Antonin Artaud, Erwin Piscator, Jerzy Grotowski e outros luminares da dramaturgia e da encenação, acabava priorizando, inclusive na aplicação dos ensinamentos daqueles mestres, a extraordinária e exacerbada criatividade "dionisíaca" de seu líder incontestes, José Celso Martinez Corrêa, sempre disposto a derrubar a "quarta parede" e mobilizar as plateias mais pela emoção do que pela razão, nem que para tanto fosse necessário apelar para a "porrada".

Nesses termos, há certamente uma significativa distinção entre os trabalhos do Arena e do Oficina. O primeiro, além de ter mergulhado seriamente, sob a liderança de Augusto Boal e os conhecimentos de Eugênio Kusnet, no criterioso estudo de "um novo sistema de espetáculo e dramaturgia", batizado de "sistema coringa",[1] destacava-se também por investir pesado na dramaturgia brasileira, ou seja, no conteúdo de suas peças. Guarnieri e Vianinha são os dois exemplos mais notórios do amplo time de autores ligados ao Arena, que incluía também Roberto Freire, Benedito Ruy Barbosa, Edy Lima, Flávio Migliaccio, Chico de Assis e o próprio Boal.

O Oficina, por sua vez, investia toda suas energias na modernização da linguagem teatral, para o que contribuiu de modo decisivo o resgate do coro do teatro grego, elemento essencial na comunicação direta com a plateia, indispensável ao "teatro agressivo" de José Celso, como ficou claro e definitivamente demonstrado com o extraordinário sucesso da encenação de *O rei da vela* em 1967. A atuação do coro, aliás, passou a ser marca registrada do Oficina, e sua crescente valorização acabou se tornando, com o tempo, motivo de discórdia dentro do grupo, o que contribuiu para o afastamento de atores e atrizes que compunham o elenco fixo e também dos dois principais colaboradores de José Celso: Fernando Peixoto, em 1970, e Renato Borghi, em 1972.

Arena e Oficina, porém, eram apenas os mais importantes grupos teatrais que, desde a década de 50, atuavam na vanguarda na renovação da dramaturgia e encenação no nosso teatro, que passara a colocar o homem

---

1. O texto está reproduzido, na íntegra, na seção de anexos no final deste livro.

e os problemas brasileiros no centro de suas atenções. Atuavam também nessa linha vários outros grupos menores, distribuídos por todo o país, a maior parte deles amadores. Entre esses, multiplicavam-se, no âmbito estudantil, as peças montadas por grêmios acadêmicos e, principalmente, pelo CPC da UNE, que, como já foi dito, teve atividade intensa até ser colocado na ilegalidade, assim como a entidade que o patrocinava, logo no primeiro dia do golpe de 1964.

Yan Michalski dá conta dessa realidade em seu livro citado:

> Essa evolução assumidamente nacionalista do teatro ia de par com a sua cada vez mais radical politização. [...] Nos início dos anos 60 começou a ser testado o uso do teatro como uma arma na luta pelas grandes transformações sociais que as esquerdas reclamavam: no Rio, o Centro Popular de Cultura da UNE, ao qual haviam aderido alguns artistas saídos do Arena, liderados por Oduvaldo Vianna Filho, montou um dinâmico esquema de atividades *agitprop*, permitindo a preparação de pequenos esquetes circunstanciais para serem encenados em comícios, manifestações de rua etc. E no Nordeste os Movimentos de Cultura Popular utilizavam amplamente as técnicas teatrais nas suas campanhas de conscientização das populações interioranas. Foi esse o panorama teatral que o golpe de 1964 encontrou ao assumir o poder e contra o qual ele não demorou a entrar de sola. [p. 15]

O dramaturgo, encenador e pesquisador Sérgio de Carvalho, professor de dramaturgia e crítica na USP, fundador e líder do grupo teatral Companhia do Latão, ressalta, na entrevista que concedeu para este livro, a importância de 1968 na trajetória do teatro brasileiro:

> Mil novecentos e sessenta e oito pode ser pensado como um ano-chave do teatro. É difícil falar desse ano sem pensar no trabalho dos grupos, especialmente o Arena e o Oficina, as duas grandes referências. [...] Tendo a concordar, no que diz respeito ao papel do teatro nesse processo, com uma interpretação histórica do período que está no livro do Roberto Schwarz *Cultura e política*, segundo a qual o movimento de avanço do teatro brasileiro não começa nos

anos 60, mas vem dos 50, com um período que podemos chamar de pós-TBC, uma primeira onda muito forte de transformação que vai até o golpe de 1964. [...] Enfim, o que penso é que o teatro antes do golpe gerou várias linhas de pesquisa e especialmente a procura de um teatro crítico experimental, o interesse por temática social, mas não apenas por temática mas também por formas além do drama social, que foi a grande descoberta do *Eles não usam black-tie*. Houve, enfim, antes do golpe de 64, uma grande experimentação de novos modelos, geralmente experimentações muito interessantes.

O que pessoas de mente aberta viam como "experimentações muito interessantes" na cena teatral de 1968, os militares, os civis da direita reacionária e os oportunistas que nessas horas sempre surgem preferiam entender como ameaças a Deus, à família e à propriedade – à liberdade, enfim. Começaram, então, a botar atrás das grades os "comunistas" e, quando interessava, os corruptos que não faziam parte da turma dos novos donos do poder. Não foi por nada, portanto, que os brasileiros saíram às ruas em 1968.

SEGUNDO ATO
MUITO BARULHO POR TUDO

"A verdade é a melhor camuflagem.
Ninguém acredita nela."

Max Frisch

Teatro de Arena

O Teatro de Arena, um dos três grupos teatrais profissionais que se destacaram na resistência à ditadura em 1968 – os outros foram o Oficina e o Opinião, este no Rio de Janeiro – nascera 15 anos antes, em 11 de abril de 1953, com a estreia, nos salões do Museu de Arte Moderna (MAM), em São Paulo, de *Esta noite é nossa*, do britânico Stafford Dickens. Tudo levava a supor que, descontada a novidade do palco em forma de arena, com o público acomodado em volta da encenação, no mais o novo grupo teatral se propunha a manter um repertório clássico, como o do TBC, encenado com produções de baixo custo que pudessem ser levadas a qualquer canto em que fosse possível improvisar uma arena, como estava sendo feito no amplo espaço do MAM.

Para a pesquisadora e crítica de teatro Mariangela Alves de Lima, a criação do Arena preencheu um vazio no panorama teatral brasileiro:

> O Teatro de Arena acabou representando, na verdade, uma resposta às necessidades artísticas e político-sociais a que o TBC não dava conta de atender. Por exemplo, aos anseios da juventude de um país em transformação. Eram, evidentemente, coisas diferentes o teatro que TBC e Arena faziam, mas o ideal teria sido que corressem paralelamente, contribuindo nesse processo cada um com o que tinha de melhor. Mas isso nunca acontece no Brasil. Nossa

tendência é o que chega acabar com o que já existe. Como diz Lévi-Strauss, o novo acaba produzindo ruínas.

Esta parecia ser, em princípio, a ideia do principal fundador do Teatro de Arena e seu primeiro diretor, José Renato Pécora, que fora aluno do crítico teatral Décio de Almeida Prado na primeira turma formada pela Escola de Arte Dramática (EAD). E a novidade foi bem recebida na imprensa especializada, a julgar pelo que publicou o *Estadão*, em texto reproduzido pelo crítico Sábato Magaldi e pela pesquisadora Maria Thereza Vargas no livro *Cem anos de teatro em São Paulo* (Editora Senac-SP, 2001):

> A estreia dessa noite no Museu de Arte Moderna reveste-se de especial importância, porque introduz no nosso teatro profissional uma nova técnica de apresentação, em que os atores são colocados no centro da sala de exibição, como nos circos, ficando circundados pelos espectadores. [p. 288]

Mais adiante, o texto destaca a qualidade artística da apresentação de estreia do Arena:

> o teatro paulista, ultimamente, talvez por influência do TBC e da EAD, tem timbrado em só estrear uma peça em condições perfeitas de preparo. A encenação de José Renato avulta sobretudo ao encararmos dois pontos: a segurança com que estrearam os atores – trabalho, trabalho, trabalho – e a excelente escolha que soube fazer desses mesmos atores. [p. 288]

Integravam o elenco Sérgio Britto, Renata Blaunstein, John Herbert, Monah Delacy e Henrique Becker.

Em seu depoimento, Sérgio de Carvalho descreve os primeiros passos do Arena:

> Embora a proposta original da criação do Arena pelo José Renato em abril de 1953 fosse a de criar um, digamos assim, "TBC popular", mais acessível a todos por conta de produções menos custosas – a própria ideia de um teatro de

arena, capaz de ser mostrado praticamente em qualquer espaço, viabilizava esse objetivo –, acabaram ocorrendo dois "acidentes de percurso" que mudaram completamente as perspectivas do grupo: a associação com Vianinha e Guarnieri e seu recém-fundado Teatro Paulista do Estudante (TPE) e a chegada de Augusto Boal para compartilhar com José Renato o comando do grupo. E há uma outra figura-chave, uma espécie de agente oculto nesse processo, que exerceu sobre o grupo uma influência muito importante, apesar de isso não ser muito lembrado, que é Ruggero Jacobbi. Ele havia sido um dos principais inspiradores do TPE e nessa condição meio que apadrinhou a associação com o Arena. Uma pessoa cultíssima, com um pensamento crítico avançado e uma enorme sensibilidade artística.

Por cerca de dois anos o Arena continuou encenando preferencialmente textos de consagrados autores internacionais, entre eles Tennessee Williams e Pirandello, e lançando novos atores e atrizes que viriam a se destacar no teatro brasileiro. Por exemplo, Eva Wilma estreou em 1954 protagonizando *Uma mulher e três palhaços*, do dramaturgo e ator francês Marcel Achard. Ao final desse período, o Arena já estava instalado no espaço da rua Dr. Teodoro Baima, que sobreviveu ao grupo e existe até hoje, em frente à igreja da Consolação e ao também extinto bar Redondo, que por muitos anos foi ponto de encontro da boemia paulistana, especialmente a ligada ao teatro.

Mas àquela altura surgiram os "acidentes de percurso" mencionados por Sérgio de Carvalho. José Renato estava convencido de que precisava de novos aliados para tocar seu projeto em frente. Partiu então para duas iniciativas que viriam a resultar em importante redirecionamento artístico e, talvez principalmente, naquele momento, político do projeto do Arena, transformando-o por quase duas décadas não apenas numa referência nacional em termos de investigação e inovação da arte em cena, mas também de engajamento no complexo e tumultuado processo de transformações político-sociais que o país vivia.

Em 1956, para compartilhar a responsabilidade pela direção das montagens do Arena, na perspectiva do desenvolvimento do projeto de consolidação de um teatro genuinamente brasileiro, mesmo quando dedicado a montagens estrangeiras, José Renato, por indicação de Sábato Magaldi, foi ao Rio de Janeiro para recrutar Augusto Boal. Então com 25 anos, Boal acabara de regressar dos Estados Unidos, onde se tornara PhD em engenharia química e estudara dramaturgia, ambos na Universidade Columbia, e acompanhara, sempre em Nova York, o internacionalmente consagrado trabalho do Actors Studio, onde se familiarizou com o então já prestigiado método Stanislavski de representação.

Por outro lado, já havia algum tempo que o Arena e o também recém-fundado Teatro Paulista do Estudante (TPE) – vizinhos na rua Dr. Teodoro Baima – desenvolviam projetos comuns, principalmente voltados ao estímulo à criação de grupos teatrais em escolas. Lideravam o TPE dois jovens que viriam a se tornar figuras importantes na dramaturgia e encenação brasileiras: o imigrante italiano naturalizado brasileiro Gianfrancesco Sigfrido Benedetto Martinenghi de Guarnieri e o paulista Oduvaldo Vianna Filho, o Vianinha. Este, anos mais tarde, traduziu em poucas palavras a importância que atribuía a essa união:

> O apoio do TPE significava para o Arena esta juventude que chegara ao teatro, marcada pelas lutas nacionalistas, pela radicalização ideológica, pela percepção da política como atividade que todos praticavam, conscientes, ou não.

Guarnieri e Vianinha eram filiados ao Partido Comunista Brasileiro (PCB) e influenciaram a adesão ao projeto do Arena de vários outros militantes ou simpatizantes do chamado Partidão. Desde então, apesar de José Renato ser considerado apolítico e de Boal, embora esquerdista, frequentemente radical, ser suficientemente independente para não atrelar suas convicções e seu trabalho ao dogmatismo do PCB, o Arena passou a carregar o estigma de "correia de transmissão" da ortodoxia comunista.

A influência do Partidão dentro do Arena, contudo, de modo muito especial a partir de 1964, nunca chegou a comprometer a imagem pública do grupo – exceto no que diz respeito, obviamente, à "linha dura" dentro e fora do governo – por duas boas razões. Primeiro, a escalada do autoritarismo militar fora com o tempo fazendo minguar o apoio à "Revolução de 64", até mesmo por parte de setores mais moderados da burguesia que haviam marchado, em 1964, "com Deus pela liberdade", e provocara a crescente convergência de todos os democratas, de esquerda ou de direita, numa frente ampla contra a ditadura. Não era o momento, portanto, de as forças que se opunham ao regime militar lutarem entre si. Isso ficaria para mais tarde. Em segundo lugar, e igualmente importante, o Arena teve o enorme mérito de vencer, com indiscutível competência profissional, o difícil desafio de renovar o teatro brasileiro por meio de um trabalho sério de aprimoramento técnico de sua dramaturgia, contribuindo para, na forma, criar uma estética própria para o teatro nacional e, no conteúdo, colocar o Brasil em sintonia com a vanguarda – à esquerda – da dramaturgia internacional.

De volta aos primórdios do Arena, a fusão com o pessoal do TPE formalizou-se, em 1956, com a montagem de *Ratos e homens*, de John Steinbeck, que estreou em 26 de setembro no Teatro de Arena, com tradução de Brutus Pedreira, direção de Augusto Boal e elenco encabeçado por Gianfrancesco Guarnieri, mais José Serber, Nilo Odalia, Riva Nimitz e Milton Gonçalves. Foi a primeira direção de Boal no Arena e valeu-lhe o prêmio de revelação daquele ano, concedido pela Associação Paulista de Críticos Teatrais (APCT).

Mesmo contando com o trabalho de Boal, Guarnieri e Vianinha, o ano e meio que se seguiu foi problemático para o Arena. Depois de uma série de insucessos, a tentativa feita por Boal de um retorno ao teatro realista também não surtiu efeito. A situação financeira tendia a se agravar, apesar do apelo a expedientes como excursões e o aluguel do teatro para outros grupos. O elenco se dispersava. Foi então que, contemplando a perspectiva do fechamento do Arena, José Renato optou por "não fazê-lo melancolicamente", nas palavras de Sábato Magaldi, e decidiu colocar no palco uma primeira peça de Guarnieri, que até então só atuara como ator. Com Zé Renato na direção, *Eles não usam black-tie* estreou em 22 de fevereiro de 1958. Magaldi e Maria Thereza Vargas afirmam, no livro que publicaram em parceria em 2001:

Gianfrancesco Guarnieri e Eugênio Kusnet em *Eles não usam black-tie*, 1962.

Essa obra, levada quase em desespero de causa, se tornaria não só a salvação do Arena, mas um marco histórico fundamental do teatro brasileiro. Na linha realista, em linguagem direta, Guarnieri tratava de problemas urbanos, como a luta reivindicatória por melhores salários, e da ideia segundo a qual o indivíduo que busca uma solução que desconheça o interesse coletivo atravessa penoso purgatório, até solidarizar-se de novo com o próprio meio. O espetáculo criou de imediato extraordinária empatia com o público, a ponto de permanecer mais de um ano em cartaz. O êxito de *Black-tie* consolidou em definitivo a política por uma dramaturgia que fixasse os problemas nacionais, animando todo o grupo a desenvolver um trabalho criador sem paralelo em nosso palco. [p. 290]

Seminário Permanente de Dramaturgia

Estimulado pelo grande sucesso de *Black-tie,* o Arena lançou, ainda em 1958, o ambicioso projeto de um Seminário Permanente de Dramaturgia focado na teoria e na prática da modernização do teatro brasileiro e, de modo especial, disposto a inspirar a produção de textos de conteúdo nacional. A qualidade do trabalho desenvolvido, que se estendeu até 1961, foi garantida pelo alto nível dos profissionais do teatro fundadores do seminário: Augusto Boal, Barbosa Lessa, Beatriz Segall, Chico de Assis, Flávio Migliaccio, Gianfrancesco Guarnieri, José Renato, Maria Thereza Vargas, Manoel Carlos, Miguel Fábregues, Milton Gonçalves, Nelson Xavier, Oduvaldo Vianna Filho, Roberto Freire, Raymundo Duprat, Roberto Santos, Sábato Magaldi e Zulmira Ribeiro Tavares.

No resumo da dissertação apresentada em 2012 no Programa de Pós-Graduação em Artes da Escola de Comunicação e Artes da USP, Paula Chagas Autran Ribeiro escreve:

> O Seminário de Dramaturgia do Teatro de Arena forma uma geração de artistas que consolida a modernização do teatro brasileiro também no campo da dramaturgia. Sua importância histórica e cultural se dá não só no âmbito da história do teatro, mas também no da cultura brasileira como um todo. Sua influência decorre não apenas dos melhores autores ali surgidos, como Vianinha e Guarnieri, e suas criações estéticas, mas também de um arsenal crítico que contribuiu para a criação de ações culturais politizadas como as do Centro Popular de Cultura (CPC) e forneceu modelos para a crescente produção cinematográfica e televisiva. O CPC foi criado, em 1961, na União Nacional dos Estudantes (UNE), por Vianinha e Milton Gonçalves, que se haviam transferido para o Rio de Janeiro, onde acabaram se desligando do núcleo carioca do Arena para se dedicarem prioritariamente ao trabalho com os estudantes.

Assim, a importante contribuição do Arena, a partir de 1958, para sintonizar a cena teatral brasileira com a agenda de questões políticas e sociais do país ajuda a compreender a relevância do papel representado praticamente pela unanimidade da gente do teatro na resistência democrática ao golpe militar de 1964 – uma saga que culmina com os eventos dramáticos de 1968.

Além do estímulo ao desenvolvimento de uma dramaturgia genuinamente brasileira, o Arena preocupou-se também com o aprimoramento e a modernização dos métodos interpretativos, por meio do estudo dos textos de Stanislavski e dos métodos do Actors Studio, com os quais Boal havia se familiarizado em Nova York.

Em 1962 José Renato se torna "presidente de honra" do Arena, em homenagem a sua condição de fundador, e o grupo passa a ser comandado por Boal sob uma nova organização societária integrada também por Juca de Oliveira, Paulo José, Guarnieri e Flávio Império – este, importante conquista na área de cenografia e figurinos. José Renato muda-se para o Rio de Janeiro, onde vai dirigir o Teatro Nacional de Comédia, passando a aceitar convites para dirigir espetáculos de outros grupos em todo o Brasil.

Já no início dos anos 1960 era visível a queda do interesse do público pelas encenações dedicadas aos problemas sociais do país, que se tornara a marca registrada do Arena. Décio de Almeida Prado fez nas páginas do *Estadão*, em janeiro de 1963, uma análise crítica do fenômeno:

> Parece que o nosso público se cansou com determinadas constantes da dramaturgia nacional dos últimos anos – populismo, esquematismo político – e que a consciência desse fato refletiu-se inclusive sobre os empresários (do teatro).

As mudanças no comando do Arena realizadas em meados de 1962 objetivavam recuperar o prestígio de sua programação a partir de uma mudança do repertório. A dramaturgia nacional não foi abandonada, mas passou-se, temporariamente, a dar destaque para "o teatro popular internacional". Nessa linha, no segundo semestre de 1962 foram encenadas *A mandrágora*, de Maquiavel, *Os fuzis da Senhora Carrar*, de Brecht, e *O melhor juiz, o rei*, de Lope de Vega, adaptado a seis mãos por Guarnieri, Boal e Paulo José.

Augusto Boal

O pré-1968 do Arena

A nova política do Arena de equilibrar o repertório com textos nacionais com forte conteúdo político-social e clássicos estrangeiros foi mantida mesmo nos primeiros meses após o golpe de abril de 1964, até porque a ação militar provocou, de início, um sentimento geral de estupefação que por algum tempo manteve paralisados os agentes artísticos e culturais. Mas coube ao Arena uma primeira tentativa de reação.

Sérgio de Carvalho destaca o papel do Arena e de Augusto Boal no processo de resistência ao golpe:

Antes do golpe a ação cultural da juventude estudantil, especialmente no teatro, foi muito criativa, mais do que a gente pode supor. Depois de 64 a própria esquerda passou a fazer uma autocrítica dessa inovações. Digo isso porque vejo que entre 64 e 68 uma pessoa brilhante como o Boal, observando tudo isso, sente que é preciso recuperar linhas de invenção na arte. Então olha para trás e vê o seguinte: foi importante termos mudado o sistema de atuação, na procura de uma linguagem mais brasileira, mais livre, mais experimental, menos organizada em função de um velho sistema de trabalho; a gente mudou as formas, politizou-as, não fizemos só drama, apesar da importância de um *Black-tie* como tema e como conexão com o público. Quer dizer, olhando para trás, Boal se dá conta de que, com as dificuldades impostas pela repressão da ditadura, a única forma de avanço seria por meio de muita criatividade no tratamento de questões de interesse social.

Em *O teatro sob pressão* o crítico carioca Yan Michalski observa, no capítulo em que analisa o ano de 1964:

> Já no fim do ano, nasce a primeira semente daquilo que viria a ser uma das mais fortes trincheiras teatrais contra o regime militar: o *show Opinião*, dirigido por Boal e interpretado por Nara Leão (depois substituída por Maria Bethânia), João do Vale e Zé Keti. Lança, por um lado, a forma de colagem lítero-musical, que de então em diante será cada vez mais utilizada pelo teatro da resistência.

O espetáculo foi apresentado no Rio de Janeiro pelo núcleo carioca do Teatro de Arena, no espaço de um *shopping center* de Copacabana que depois passou a se denominar Teatro Opinião. Este acabou se transformando na sede do grupo com o mesmo nome criado por artistas egressos do Arena radicados no Rio de Janeiro. Entre eles, Vianinha e Milton Gonçalves.

A música e o sistema coringa

A essa altura o Arena já vinha introduzindo a música "de protesto" em seu repertório. Na opinião de Magaldi e Vargas, "a série de musicais entrou em sua expressão mais elaborada, teatralmente, em 1965, com *Arena conta Zumbi*, de Boal e Guarnieri, e música de Edu Lobo". Com a consolidação dessa tendência, "o 'estranhamento' brechtiano começava a encontrar uma forma brasileira, uma não identificação do ator à personagem". Foi exatamente com *Zumbi* que Augusto Boal inaugurou o chamado sistema coringa. Sobre essa experiência, que passou a ser repetida em outros espetáculos, Boal e Guarnieri escrevem no programa da peça:

> Já que não somos Teatro Nacional, nem temos mecenas dispostos a tudo, temos ao menos nós mesmos. Destes fatos concretos surgiram as novas técnicas que estamos usando em *Arena conta Zumbi*: personagens absolutamente desvinculados do ator (todo mundo faz todo mundo, mulher faz papel de homem sem dar bola para essas coisas etc.), narração fragmentada sem cronologia, fatos importantes misturados com coisa pouca, cenas dramáticas junto a documentos, fatos perdidos no tempo e notícias dos últimos jornais, anacronismos variados. Só uma unidade se mantém de todas quanto até hoje foram proclamadas: a unidade da ideia.

Depois de enfrentar a escalada da repressão militar até o cume, em dezembro de 1968, o Teatro de Arena sobreviveu mais quatro anos como grupo profissional de teatro, até 1972. O espaço cênico que consagrou permanece no mesmo local. Chama-se agora Teatro de Arena Eugênio Kusnet, em homenagem ao ator, diretor e professor de teatro russo que se radicou no Brasil e aqui morreu em 1967. Agora é administrado pela Fundação Nacional das Artes (Funarte).

Teatro Oficina

O espaço Teatro Oficina existe até hoje e se mantém como sede do grupo criado há mais de cinquenta anos sob a liderança de José Celso Martinez Corrêa. O Oficina foi um dos grandes protagonistas tanto da luta da gente do teatro contra a ditadura civil-militar que resultou do golpe de 1964 quanto das experiências contraculturais que, até mesmo antes dos anos de chumbo, renovaram a dramaturgia e o fazer teatral brasileiros. O Oficina é, na verdade, como companhia profissional de teatro, a única sobrevivente – com períodos de recesso – dos tempos heroicos de meio século atrás. Esse fenômeno se deve fundamentalmente ao gênio artístico e à vocação libertária e transgressora de José Celso, encenador responsável por marcos importantes do teatro brasileiro como as montagens históricas de *Pequenos burgueses*, *O rei da vela*, *Roda viva* (esta, fora do Oficina), *Galileu Galilei* e *Na selva das cidades*, para mencionar apenas algumas das mais antigas, contemporâneas do tema deste livro.

Uma comparação entre as trajetórias dos praticamente coetâneos Teatro de Arena e Teatro Oficina nos seus respectivos primórdios e nos anos de luta contra o golpe de 1964 – pouco mais de uma década – demonstra que ambos eram comandados por artistas de enorme talento, com personalidades fortes e dominadoras e politicamente alinhados com a esquerda. Mas ficam por aí as semelhanças entre Augusto Boal e José Celso Martinez Corrêa. Aquele assumiu o comando do Arena depois de passar dois anos em Nova York estudando dramaturgia – paralelamente ao curso de química – na Universidade Columbia e se familiarizando com o método Stanislavski de interpretação no Actors Studio. Tanto como dramaturgo quanto como encenador, Boal sempre direcionou politicamente seu trabalho artístico, produzindo um vigoroso "teatro épico", de cunho social, no rastro das experiências sobretudo de Bertolt Brecht.

José Celso, por sua vez, com uma criatividade impetuosa e passional, sempre valorizou as "possibilidades do teatro como forma, isto é, como arte", nas palavras que deixou gravadas em seu célebre manifesto sobre a montagem daquele que foi, para muitos, seu trabalho mais inspirado,

Zé Celso

O rei da vela, de Oswald de Andrade, em 1967. Toda a obra de José Celso no período mais crítico do confronto com a ditadura civil-militar e, consequentemente, do teatro sob pressão tende a deixar de lado o realismo stanislavskiano de sua consagrada encenação de *Pequenos burgueses*, de Máximo Gorki, em 1963, para mergulhar, ele também, no teatro épico ou "agressivo" de Bertolt Brecht e Antonin Artaud. Mas esteve sempre, nessa fase, mais chegado ao "irracionalismo incandescente" de Artaud que ao "racionalismo crítico" do teatrólogo alemão, na opinião do respeitado crítico e teórico de teatro teuto-brasileiro Anatol Rosenfeld.

O resultado é que José Celso acabou se tornando um dos grandes gurus do movimento tropicalista, no time de artistas luminares como Hélio Oiticica nas artes plásticas, Glauber Rocha no cinema e Caetano Veloso na música. Já Augusto Boal, fiel ao "racionalismo crítico" brechtiano, nutria pelo tropicalismo certo desprezo que não fazia questão de disfarçar e escancarou em manifesto divulgado por ocasião da temporada de *1ª Feira*

Paulista de Opinião no Rio de Janeiro[2]: "Estas são as características do tropicalismo – de todas, a pior é a ausência de lucidez".

Em seu depoimento, Mariangela Alves de Lima estabelece uma comparação entre a trajetória do Arena e do Oficina:

> O advento do Oficina, pouco depois, acabou representando uma tendência política diferente daquela do Arena, uma política que envolve não apenas as estruturas do fazer teatral, mas também o sujeito, a vida pessoal do indivíduo envolvido nesse processo. No começo o Oficina até tentou, e conseguiu, fazer um bom teatro realista – como o Arena também havia tentado –, mas acabaram assumindo essa vertente brechtiana de quebra, não mais de um teatro empático, mas um teatro de rupturas. E é assim até hoje, embora o José Celso prefira definir agora o seu teatro como "dionisíaco". É a tendência de livrar-se da história no sentido marxista para valorizar o presente, o já, o agora, o que se sente, o prazer. Mas na prática os espetáculos do Oficina acabam tratando, e com muita competência, de temas historicamente referenciados que vão muito além da dimensão dionisíaca do aqui e agora.

A partir dos anos 1970, o Oficina viveu várias crises, devidas tanto a desentendimentos dentro do grupo quanto ao afastamento provisório de seu líder por razões políticas. Mas até então José Celso Martinez Corrêa tivera "importância hegemônica" na cena teatral brasileira, como escreveu o crítico Yan Michalski:

> Durante cerca de uma década, década excepcionalmente efervescente, José Celso foi, provavelmente, a personalidade criativa mais forte do teatro brasileiro; foi, em todo caso, o encenador mais aberto a ideias ousadas e sempre renovadas, e capaz de realizar, a partir delas, espetáculos surpreendentes, generosos, provocantes, excepcionalmente inventivos. Sua atuação, nessa época, marcou não só o teatro nacional – *Pequenos burgueses*, *O rei da vela* e *Na selva das cidades*, pelo menos, têm lugar garantido e importante

---

2. O texto está reproduzido, na íntegra, na seção de anexos no final deste livro.

na história desse teatro – como também a arte brasileira em geral. Durante esse tempo, ele foi um divisor de águas, um ponto de referência e uma fonte básica de influências.

Como é óbvio, porém, José Celso não fez tudo sozinho. O grande sucesso do Oficina se deveu, em sua fase áurea, ao trabalho de equipe, na qual se destacavam três artistas também de grande talento e competência: Eugênio Kusnet, Fernando Peixoto e Renato Borghi.

Kusnet, nascido na Ucrânia em 1898 (nos domínios, portanto, do Império Russo), discípulo de Stanislavski, deu aulas de teatro na Letônia, na Lituânia e na Estônia até emigrar para o Brasil, em 1926, em busca de possibilidades mais amplas de trabalho. Mas somente em 1951 logrou sua primeira participação teatral relevante, integrado à equipe que montou em São Paulo *Paiol velho*, de Abílio Pereira de Almeida, dramaturgo então em grande evidência. Sobretudo por seu profundo conhecimento do método Stanislavski, a partir de então passou a ser solicitado como professor de encenação, diretor e ator. Além do Oficina, colaborou também com o Arena e outras companhias teatrais.

O gaúcho Fernando Peixoto, natural de Porto Alegre, homem de múltiplos talentos, era diretor, ator, ensaísta, jornalista, crítico de teatro, tradutor e escritor. Transferiu-se para São Paulo em 1963 e começou a trabalhar como ator e assistente de direção de José Celso. Permaneceu no grupo até 1970.

Renato Borghi, nascido no Rio de Janeiro, mudou-se com a família para São Paulo no fim da década de 50. Estudante de direito, na dúvida entre ser ator ou cantor, acabou optando pelo teatro quando foi – surpreendentemente, em sua opinião – aprovado por Sérgio Cardoso para protagonizar, na temporada carioca, a peça *Chá e simpatia*, que o famoso ator e diretor e sua mulher e sócia, Nydia Licia, mantinham em cartaz no Teatro Bela Vista, em São Paulo. Tendo se tornado amigo de José Celso na Faculdade de Direito, Borghi participou do grupo de jovens estudantes que criou o grupo de teatro amador que viria a se transformar no Oficina.

Sérgio de Carvalho resume a trajetória do Teatro Oficina:

O Oficina começa como um grupo interessado em realismo stanislavskiano e teve no Kusnet o grande orientador em termos de método de trabalho (em função disso o José Celso é até hoje um grande diretor de Stanislavski), com um repertório à esquerda, de drama social. Só no fim da década de 60 o grupo começa a trabalhar numa vertente de natureza mais contracultural, na qual passa a ter grande peso na encenação o famoso coro, em grande parte responsável pelo sucesso de montagens como *O rei da vela* e *Roda viva*. Mas a partir daí já começa a fase de desagregação do grupo, com as saídas de Fernando Peixoto e depois Renato Borghi, e, traduzindo o clima que produziu essa transformação, criou-se uma narrativa triunfalista de que o coro do Oficina mudou a linha do grupo, como se ali surgisse, traduzida na existência do coro, uma liberdade antiburguesa. Essa é uma narrativa que se consolidou na década de 90 e passou a ser projetada para trás, reproduzida *urbi et orbi*. Na verdade, é assim que pensa o Zé Celso até hoje.

Em *Oficina: do teatro ao te-ato*, (Perspectiva, 1981), texto derivado de sua dissertação de mestrado em artes na ECA-USP, Armando Sérgio da Silva faz uma ampla, acurada e minuciosa análise da trajetória do Teatro Oficina até então. E afirma:

> É mais do que provável, para citar um exemplo, que a notável e exacerbada criatividade de José Celso não dispusesse de terreno tão propício para exercitar-se sem os ensinamentos fundamentais e profundos ministrados pela vocação didática de Eugênio Kusnet, sem a perspicácia crítica de Fernando Peixoto ou a seriedade interpretativa e o senso grupal de Renato Borghi. Separados, cada qual poderia realizar, como de fato realizou, espetáculos do melhor quilate, mas nenhum deles, nem mesmo o encenador que integrou todas essas contribuições, faria um teatro tão consequente consigo próprio quanto foi o Oficina. [p. 217]

"Quando se sente bater/ no peito heroica pancada/ deixa-se a folha dobrada/ enquanto se vai morrer." Essa trova era então muito popular entre os estudantes da "velha e sempre nova Academia". Muito provavelmente o grupo de alunos da Faculdade de Direito da USP que, reunido no Centro Acadêmico XI de Agosto, decidiu iniciar uma experiência de teatro amador não estava pensando em morte, senão a dos "padrões vigentes da classe média". Mas com toda certeza esses jovens sentiam "bater no peito heroica pancada" que os inspirava a optar pela dedicação total e permanente ao teatro. Foi assim que surgiu, em 1958, o grupo de teatro amador que viria a se transformar no Teatro Oficina. À frente desse grupo estavam, entre outros, os araraquarenses José Celso Martinez Corrêa e Marco Antônio Rocha – este, um futuro jornalista de grande prestígio –, o carioca Renato Borghi, o mineiro Amir Haddad e o paulista Carlos Queiroz Telles. Em seu livro de memórias (*Borghi em revista*, de Élcio Nogueira Seixas, Imprensa Oficial de São Paulo, coleção Aplauso, 2008), Borghi relata a gênese e as primeiras experiências desse grupo amador:

> Comecei uma amizade com o Zé. Nós tínhamos muitas afinidades. Tanto ele quanto eu queríamos romper com os padrões vigentes da classe média. Odiávamos direito, estávamos à espera de que alguma coisa acontecesse. Foi quando o Zé escreveu uma peça: *Vento forte para um papagaio subir*. A peça representava tudo que a nossa geração queria: libertação dos valores de família, conflito de gerações. Ele compôs uma música para o espetáculo que era uma bandeira: "Eu hoje vou fugir com o vento/ Vou até o firmamento/ Vou ver a Terra brilhar/ Vou abrir bem os meus braços/ Me lançar por este espaço/ A ventar, a ventar". Esta peça, junto com *A ponte*, de Carlos Queiroz Telles, formou o primeiro espetáculo do Grupo Oficina amador, composto, em sua maioria, pelos estudantes da Faculdade de Direito. A seguir, Zé Celso escreveu outra peça, *A incubadeira*, também sobre o tema da libertação dos valores da família. [pp. 62-3]

No início, o grupo encenava suas peças em palacetes da burguesia paulistana, clubes e onde quer que encontrasse interessados para ver e pagar pelo seu trabalho. *Vento forte...*, em 1958, e *A incubadeira*, em 1959, textos autobiográficos de José Celso, foram encenados principalmente nesses espaços, sob a direção de Amir Haddad. Nesse período amadorístico talvez a experiência mais interessante do Oficina tenha sido seu contato com Jean-Paul Sartre e Simone de Beauvoir, por ocasião da visita que o casal fez ao Brasil em 1960. Sartre e Simone foram convidados a fazer palestra em Araraquara, terra natal de José Celso, e este aproveitou a oportunidade para se aproximar do casal. É Renato Borghi quem conta:

> Aproveitamos a oportunidade e, na maior cara de pau, pedimos que Sartre nos cedesse gratuitamente os direitos de um roteiro de cinema que ele havia recém-terminado: *A engrenagem*. O roteiro era inspirado na recente revolução cubana. Ele, gentilmente, nos concedeu os direitos para uma montagem teatral. A peça estreou em 1960, no Teatro Bela Vista, com a direção de Augusto Boal. A peça provocou, por parte da imprensa, muitos elogios e muita discussão. Porém, o episódio mais significativo de *A engrenagem* aconteceu fora do teatro. Queríamos apresentar o espetáculo em praça pública. O local escolhido foi o Monumento da Independência, em frente ao Museu do Ipiranga. Quando começamos a representar a primeira cena fomos imediatamente impedidos por um grande aparato policial. Em protesto, nos amordaçamos e ficamos postados em silêncio em frente ao monumento. Em seguida, saímos em pequena passeata, ainda amordaçados, pelas ruas do Ipiranga. [...] Com *A engrenagem* surgiu em nosso grupo um claro desejo de participação nas lutas políticas e sociais do nosso tempo. [p. 68]

A profissionalização, em casa própria

José Celso fez sua primeira direção em 1961, quando o Oficina profissionalizou-se e passou a ocupar uma pequena casa de espetáculos que alugou e reformou na rua Jaceguai, no bairro da Bela Vista, onde permanece até hoje. Mais uma vez é Renato Borghi quem revela detalhes da nova fase na vida do Teatro Oficina:

> O primeiro passo para a profissionalização era ter uma sede. O TBC tinha uma sede, o Arena tinha uma sede. Meu pai, Adriano Borghi, foi um personagem importante nesse capítulo. Confiou em nós e avalizou um contrato de

aluguel de um imóvel situado à rua Jaceguai 520, onde o Oficina mora até hoje. Quando alugamos o imóvel, ele era um teatro ocupado por um grupo espírita. Chamava-se Teatro Novos Comediantes. [...] Era um tempo de mobilização, as pessoas se mobilizavam facilmente. O que é que tinham que vir o Vinicius de Moraes e a Nara Leão, lá do Rio de Janeiro, pra fazer *shows* de Bossa Nova no auditório do Mackenzie, pra ajudar um grupo de jovens que eles mal conheciam a levantar fundos para a construção de um hipotético teatro? Mas eles vieram e não só uma vez, algumas vezes. As poltronas do teatro foram conseguidas através da influência do saudoso Paschoal Carlos Magno. Inventamos vários outros expedientes: livro de ouro, donativos, cadeiras cativas. [...] o que eu me lembro é que em pouco tempo levantamos os recursos e construímos o nosso teatrinho "sanduíche", com duas plateias, uma em frente à outra, e cenografia nas laterais do palco. [p. 71]

A empresa constituída como proprietária do Teatro Oficina tinha como sócios, entre outros, José Celso, Renato Borghi, Carlos Queiroz Telles, Jairo Arco e Flexa e Ronaldo Daniel, que acabaria se tornando diretor de teatro na Inglaterra, sob o nome de Ronald Daniels.

Como primeiro espetáculo a ser encenado profissionalmente pelo Oficina foi escolhido *A vida impressa em dólar*, do norte-americano Clifford Odets. Seria também a estreia de José Celso como diretor, à frente de um elenco integrado por atores e atrizes que já participavam do grupo, como Etty Fraser, e outros especialmente convidados, como Célia Helena, Fauzi Arap e Eugênio Kusnet. Foi um grande sucesso de público, ajudado por duas circunstâncias fortuitas: primeiro, a elogiada direção de José Celso – com a importante ajuda, na preparação do elenco, de Kusnet, profundo conhecedor do método Stanislavski –, que só aconteceu porque dois diretores consagrados, Ziembinski e Flávio Rangel, haviam recusado o convite por estarem comprometidos com outros trabalhos. O segundo fator imprevisto que ajudou a reforçar a bilheteria de *A vida...* foi a censura. No dia seguinte à estreia, 21 de agosto de 1961, a peça foi censurada, retirada de cartaz e o teatro lacrado. Foi um escândalo!

A reação de repúdio à censura, então sob responsabilidade do governo do estado, foi unânime. Críticos teatrais respeitados, como Décio de Almeida Prado e Sábato Magaldi, bem como artistas e intelectuais de São Paulo, Rio de Janeiro e outras capitais, e até mesmo o Serviço Nacional de Teatro, protestaram veementemente. O governador paulista, Carvalho Pinto, pressionado, avocou o processo a seu gabinete. Os censores, acusados de terem reagido ao que teriam entendido, pelo título da peça, como uma "provocação" – não se sabe exatamente a quem –, saíram pela tangente com o argumento de que o fechamento do teatro se devia ao fato de não apresentar condições mínimas de segurança. Mas a prefeitura confirmou o Habite-se. O resultado foi um alvoroço que repercutiu com força nos meios de comunicação e despertou enorme curiosidade sobre o espetáculo. Dias depois, o teatro foi reaberto e a peça permaneceu em cartaz por vários meses.

O espetáculo da estreia profissional do Oficina dividiu a crítica. Em *O Estado de S. Paulo*, Décio de Almeida Prado revelou ter gostado mais da encenação que do texto:

> envelheceu aqui e ali, traindo certas ingenuidades que se iriam pronunciar com maior destaque na carreira subsequente do autor, porém conserva ainda muito de seu primitivo vigor, especialmente na belíssima encenação que lhe deu o mais jovem grupo profissional de São Paulo [...]. José Celso Martinez Corrêa estreia na direção como um mestre, suficientemente seguro de seus efeitos para não abusar de nenhum deles. Com esse espetáculo, o Oficina coloca-se ao lado de nossos melhores conjuntos, provando, mais uma vez, que o gênero que os nossos atores melhor compreendem e melhor sabem fazer é esta espécie de realismo, semilírico, semicotidiano.

O dramaturgo e crítico Miroel Silveira, por sua vez, foi implacável em crítica publicada no *Diário de Notícias*. Depois de desaprovar as instalações da casa de espetáculos que então se inaugurava, o crítico fez restrições ao trabalho de José Celso e elenco:

Infelizmente, trata-se de mais uma vocação para o intelectualismo do que propriamente para o teatro, o que parece ser característica de parte dessa jovem geração. Gerações anteriores careciam precisamente do contrário, de preocupações intelectuais e sociais, atirando-se cegamente à ação. Esta geração, contudo, perde-se demasiado em divagações, tentando passá-las por observações da realidade. O resultado está aí: vazio o TBC, vazio o Arena, quase vazio o Oficina. [...] a encenação do Oficina é, sem dúvida, um trabalho honestamente, pacientemente realizado, mas isso não impede que o resultado seja o de um espetáculo inexpressivo, apagado, em ritmo evidentemente errôneo.

De qualquer modo, o sucesso de *A vida impressa em dólar* confirmou, artisticamente, a competência do grupo liderado por José Celso, não deixando dúvidas de que a fase do amadorismo estava superada. Representou ainda, do ponto de vista empresarial – por mais que, para o idealismo da turma, essa fosse uma questão menor –, a demonstração óbvia de que uma boa bilheteria fazia toda a diferença na manutenção de um repertório de qualidade e no aprofundamento das pesquisas sobre dramaturgia e encenação que o grupo considerava indispensáveis.

Desde os primórdios até o início da fase de profissionalização o Oficina manteve com o Arena um bom relacionamento, baseado, principalmente, no estudo do método Stanislavski, no qual, a exemplo de Eugênio Kusnet, Augusto Boal tinha larga experiência, que ajudava a transmitir ao grupo de José Celso. Em 1960, por exemplo, Boal, em parceria com José Celso, fizera a adaptação para o teatro do roteiro cinematográfico da *A engrenagem*, de Sartre – como já mencionado, Boal também dirigiu a peça.

Principalmente dentro do Oficina, no entanto, não havia unanimidade a respeito da conveniência de uma aproximação com o pessoal do Arena – e muito menos a possibilidade de uma fusão, que alguns defendiam –, entre outras razões pelo fato de que sempre houvera no meio teatral certa prevenção contra a alegada vinculação política do grupo de Boal ao Partido Comunista Brasileiro. O argumento, procedente, de que Boal jamais se filiara ao Partidão, era compensado pela evidência de que alguns dos mais importantes e ativos integrantes do grupo eram militantes do PCB.

Fernando Peixoto, que, antes de se tornar, em 1963, um dos principais colaboradores de José Celso, participou de projetos do Arena e sempre manteve boas relações, inclusive profissionais, com aquele grupo, resumia a questão a poucas palavras: "Se a ênfase do Arena era a dramaturgia, no Oficina era a encenação". E rebatia as críticas de que José Celso e seu grupo eram incoerentes ao preconizarem a necessidade de fazer "teatro para o povo" enquanto priorizavam a encenação de dramaturgia estrangeira. Para Peixoto, na montagem de *Pequenos burgueses*, por exemplo, o objetivo do Oficina não era discutir a revolução soviética, mas demonstrar, por meio da encenação adequada, "a necessidade de uma transformação social no nosso país".

O fato é que o sucesso de *A vida impressa em dólar*, que elevou o Oficina à condição de um dos principais grupos teatrais brasileiros, ao mesmo tempo ensinou ao grupo que para o teatro profissional uma boa bilheteria não significava necessariamente a priorização do lucro, mas uma condição necessária para garantir o investimento na função social do teatro.

Uma derradeira parceria com o Arena ainda foi realizada, em dezembro de 1961, com um texto de Boal, *José do parto à sepultura*, com resultado negativo de crítica e público. Foi o suficiente para provocar um rompimento cordial das relações profissionais entre os dois grupos. Mas nos quase dois anos até o advento de *Pequenos burgueses* o Oficina não logrou colher resultados entusiasmantes em termos de público e crítica. Finalmente, em dezembro de 1962, por sugestão de Kusnet, José Celso decidiu montar outro texto russo, a comédia *Quatro num quarto*, de Valentin Kataiev, para cuja direção convidou Maurice Vaneau, coreógrafo e diretor belga naturalizado brasileiro. Foi o melhor resultado de bilheteria do Oficina até então. Permaneceu nove meses em cartaz e foi reencenado regularmente nos quatro anos seguintes.

Pequenos burgueses, um marco

Apesar das experiências malsucedidas no período anterior a *Quatro num quarto*, José Celso continuara se aprimorando como encenador e, em 1963, retomando seu compromisso com o "teatro engajado", dirigiu aquele que seria até então o maior sucesso de crítica e público do Oficina, e o último espetáculo de sua fase realista: *Pequenos burgueses*, de Máximo Gorki. Vencedora de todos os prêmios de melhor diretor do ano, a peça viria a ser reencenada muitas vezes pelo Oficina nos anos seguintes.

Pequenos burgueses foi apresentada a José Celso e seu grupo também por Eugênio Kusnet e adotada com entusiasmo porque, ao falar sobre a Rússia do começo do século XX, reproduzia o estado de espírito de um país subdesenvolvido no limiar de uma convulsão social. Era a cara do Brasil. Em 1964, depois do golpe militar, apesar de a censura ainda ser branda em relação ao que viria se tornar, a peça sai de cartaz por cerca de um mês e volta após algumas pequenas mudanças destinadas a atenuar o caráter eminentemente político da montagem, que só mais tarde acabaria sendo definitivamente proibida. Entre as mudanças, a substituição da música que encerrava o espetáculo, a "Internacional Socialista", pela "Marselhesa".

Diante da clara perspectiva de endurecimento do regime nas relações com a chamada classe artística, que tinha na recente centralização da censura em Brasília um óbvio sintoma, o Oficina iniciou com *Pequenos burgueses* uma transição para o teatro épico de Bertolt Brecht, igualmente voltado para a crítica social, mas valorizando a racionalidade da dramaturgia em lugar da passionalidade stanislavskiana da encenação. Foi uma experiência que não durou muito tempo, mas marcou indelevelmente aquela fase da trajetória do Oficina. Em seu livro citado, Armando Sérgio da Silva observa:

> Tratava-se de *Pequenos burgueses*, de Máximo Gorki, uma reflexão sobre o período que antecedia a Revolução Russa e se aproximava da discussão ideológica em curso aqui, no país, sobretudo no âmbito das famílias. O Teatro Oficina de São Paulo estava prestes a realizar seu grande sucesso. A bem dizer,

um retumbante sucesso de público e de crítica. Um êxito que certamente afastaria quaisquer dúvidas em relação ao talento, seriedade e importância do grupo no cenário teatral de todo um país. Ninguém jamais contestou: *Pequenos burgueses* representou um dos momentos mais ricos e importantes do teatro brasileiro. [p. 34]

Em sua consagrada obra *Cem anos de teatro em São Paulo* (Editora Senac-SP, 2000), escrita em parceria com a teatróloga e pesquisadora Maria Thereza Vargas, Sábato Magaldi comentou o trabalho do Oficina:

> A primeira montagem que se transformaria num marco do nosso teatro, a cargo do Oficina, foi a de *Pequenos burgueses*, de Gorki, em agosto de 1962. Não era difícil perceber que se tratava do mais perfeito espetáculo brasileiro, concebido na linha realista (a direção era de José Celso). O grupo havia assimilado efetivamente o método Stanislavski, e não era de estranhar, uma vez que participava do seu elenco o veterano Eugênio Kusnet, nele formado. [p. 304]

Magaldi reviu *Pequenos burgueses* em remontagem apresentada num festival retrospectivo do Oficina, em julho de 1966, no Teatro Cacilda Becker. Seu entusiasmo foi o mesmo demonstrado na crítica publicada por ocasião da estreia da peça, três anos antes. O texto parcialmente reproduzido a seguir integra a antologia das críticas de Magaldi organizada por Edla van Steen e publicada em *Amor ao teatro*, livro de mais de 1.200 páginas editado em 2014 pelas Edições Sesc São Paulo:

> *Pequenos burgueses* [...] reafirma uma certeza prazerosa: o elenco do Oficina, o único em São Paulo que vem trabalhando regularmente no sistema de equipe, é sem dúvida aquele que alcança também os melhores resultados artísticos. A unidade de estilo, o desempenho coeso e vibrante, o contracenar fluente e espontâneo dão aos espetáculos do grupo um equilíbrio e uma categoria profissional que os conjuntos atomizados de hoje poucas vezes conseguem. Esse trabalho se valoriza ainda pela diretriz segura dada a cada montagem.

Raul Cortez em uma das montagens de *Pequenos burgueses*, de Máximo Gorki, em 1965. Direção de José Celso Martinez Corrêa.

As várias versões da peça de Gorki, agora reapresentada no Teatro Cacilda Becker, não lhe roubaram o frescor nem mecanizaram a linha dos intérpretes, tendo chegado em certos casos até quatro deles a viver um mesmo papel. Para o entrosamento e o apuro do elenco devem ter contribuído decisivamente a nitidez e a firmeza da direção de José Celso Martinez Corrêa, o grande responsável por esse êxito. [p. 24]

Em 1964, diante da perspectiva de tempos politicamente difíceis após o golpe militar de 1º de abril, o Oficina se deu conta de que, se tinha intenção de continuar trabalhando com temas político-sociais, precisaria tomar mais cuidado e apelar, de preferência, para metáforas que escamoteassem o teor "subversivo" de uma temática engajada em problemas brasileiros. *Andorra*, de Max Frisch, era perfeita para uma mudança de direcionamento mais aparente do que essencial. Escrito no período pós-guerra, o texto abordava o antissemitismo que o nazismo colocara em evidência. Uma encenação crua e despojada, mas que incorporava também momentos fortes de lirismo e emoção, era belamente valorizada pela cenografia de Flávio Império. Renato Borghi, que protagonizou o espetáculo, narra a experiência em seu livro de memórias:

> *Andorra* foi a resposta que o Grupo Oficina encontrou para discutir com sua plateia a nova realidade criada pelo golpe militar de 1964. Foi a época da caça às bruxas, do dedo-duro, da criação do bode expiatório e da omissão. Onde estava escrito "judeu", a plateia, cúmplice de nossa metáfora, lia "esquerdista", "socialista", "comunista". Muita gente foi presa e a classe média reacionária fazia que não via: "Quem mandou ser comunista? Problema deles, eu tenho de cuidar é da minha família!". [p. 107]

Sobre a encenação, Borghi explica:

> O texto de Max Frisch se prestava inteiramente às nossas experiências brechtianas. O autor rompia com a quarta parede, aquela parede imaginária insuportável que foi criada para fingir que o público não está ali. Em *Andorra*

Cena da peça *Andorra*, de Max Frisch. A estreia ocorreu meses após o golpe civil-militar de 1964.

os atores-personagens tinham de prestar depoimentos à plateia. Precisavam explicar por que deixaram Andri ser assassinado. No campo da cenografia, deixamos de lado a "incubadeira" das salas familiares.

O rei da vela, marco maior

O mar, contudo, não estava para peixe. Depois daquele primeiro susto com *Pequenos burgueses*, que obrigou José Celso, Renato Borghi e outros a passarem um mês escondidos no interior de São Paulo, até que, com a intervenção de Cacilda Becker, conseguissem liberar o espetáculo negociando a troca da "Internacional Socialista" pela "Marselhesa", os principais nomes do Oficina acharam melhor fazer "viagens de estudos" ao exterior. José Celso e Renato Borghi, por exemplo, aproveitaram para se aprofundar na obra de Brecht no Berliner Ensemble, enquanto o grupo fazia uma excursão pelo Uruguai.

Até 1967 o Oficina foi tocando o barco, numa rotina que foi quebrada em 1966 – em meio aos ensaios para a montagem de *Os inimigos*, outro texto de Gorki – por um incêndio que destruiu totalmente o teatro da rua Jaceguai. A campanha de reconstrução da casa do Oficina – como já acontecera anteriormente com a arrecadação de fundos para a inauguração do teatro – teve amplo apoio da classe teatral. Cacilda Becker cedeu sua casa de espetáculos, que levava seu nome, para a realização de um festival retrospectivo dos maiores sucessos do grupo – *A vida impressa em dólar*, *Pequenos burgueses* e *Andorra*. Ainda durante a reconstrução do teatro, o Oficina se transferiu por noves meses para o Rio de Janeiro, onde reencenou seus mais recentes sucessos.

Quando retornaram do Rio, José Celso e sua trupe já haviam escolhido o espetáculo com o qual fariam a reinauguração do Teatro Oficina. Só não imaginavam que aquela seria uma encenação antológica, a mais importante e bem-sucedida de toda a história do grupo: *O rei da vela*, de Oswald de Andrade.

Em sua pequena – menos de cem páginas – mas seminal obra sobre o teatro nos anos de chumbo, *O teatro sob pressão*, Yan Michalski define com precisão o papel de *O rei da vela* no conturbado ambiente da resistência democrática à truculência e ao obscurantismo do regime militar:

> A tendência de reação anárquica às pressões a que a nação se acha submetida, depois de esboçada em 1966, produziria em 1967 o seu primeiro marco decisivo. Tão decisivo que se constituiria na consagração de uma verdadeira proposta estética e cultural, que abriria uma nova etapa do teatro brasileiro e serviria de inspiração a inúmeros desdobramentos e imitações. A estreia de *O rei da vela*, de Oswald de Andrade, a 29 de setembro, no Teatro Oficina de São Paulo (cuja sala, completamente reformada, era reinaugurada depois de destruída por um incêndio no ano anterior), foi para o nosso teatro

Renato Borghi e Ítala Nandi em *O rei da vela*.

contemporâneo um acontecimento comparável ao que representou, para a respectiva época, o revolucionário lançamento de *Vestido de noiva* em 1943. [p. 28]

Em seu livro de memórias, Renato Borghi afirma ter tido a iniciativa de propor ao grupo o texto de Oswald – escrito 30 anos antes, em 1937 –, e que José Celso, de início hesitante, acabou se entusiasmando com a ideia, cuja realização se tornou sua obra-prima:

Todo o espetáculo foi inspirado no manifesto antropofágico de Oswald de Andrade. Queríamos dar porrada na elite intelectual com um deboche irado, irreverência e postura anárquica; tocar o âmago das consciências tanto da direita quanto da esquerda; questionar o próprio teatro e seu público. Era um grito, um berro do Oficina. Nossa musa foi Chacrinha, símbolo máximo da breguice brasileira. [p. 128]

De fato, como disse Borghi, a peça "foi inspirada" em Oswald de Andrade. José Celso recriou o texto com uma encenação que garantiu um papel relevante para o Oficina e seu líder no movimento tropicalista, que então se alastrava nos campos das artes plásticas, do cinema e, principalmente, da música popular. E tinha no Velho Guerreiro, promovido pela televisão, sua expressão icônica.

No famoso "manifesto" em que revela por que e como dirigiu a encenação, José Celso assume tranquilamente a coautoria do espetáculo, falando em "redescobrir Oswald", a quem se refere:

> Sua peça está surpreendentemente dentro da estética mais moderna do teatro e da arte visual. A superteatralidade, a superação mesmo do racionalismo brechtiano através de uma arte teatral síntese de todas as artes e não artes, circo, *show*, teatro de revista etc. A direção será uma leitura minha do texto de Oswald e vou me utilizar de tudo que Oswald utilizou, principalmente de sua liberdade de criação. Uma montagem tipo fidelidade ao autor em Oswald é um contrassenso. Fidelidade ao autor no caso é tentar reencontrar um clima de criação violenta em estado selvagem na criação dos atores, do cenário, do figurino, da música etc.

A relevância da encenação de *O rei da vela* pelo grupo Oficina é objeto de aguda análise na biografia de José Celso publicada pela Enciclopédia Itaú Cultural, cujo trecho a seguir merece destaque:

> Em 1967, após um incêndio no Teatro Oficina e sua reformulação à italiana, abre-se para o diretor uma nova perspectiva estética e teatral: a antológica montagem de *O rei da vela*, de Oswald de Andrade (1890-1954). Um marco histórico que influencia toda uma geração e pode ser considerado um "divisor de águas" similar à montagem de *Vestido de noiva*, de Nelson Rodrigues, por Os Comediantes, em 1943. O texto, escrito na década de 1930, chega a ser considerado impossível de ser colocado em cena, tal a sua verborragia anárquica e seu espírito transgressor. Mas encaixa-se perfeitamente como voz do movimento de rebeldia juvenil latente em 1967, que meses depois toma conta das

ruas de cidades da Europa e das Américas. O processo de montagem abarca um profundo mergulho em textos contemporâneos da arte de vanguarda. A direção, juntamente com a equipe, elabora uma proposta teórica de releitura da postura estética das esquerdas, através de algo intrinsecamente brasileiro. *O rei da vela* propõe uma escritura cênica paródica e violenta, grotescamente estilizada, que se serve da farsa, da revista musical, da ópera, dos filmes da Atlântida, abusando de referências a uma sexualidade explícita, concretizando um teatro antropofágico. Zé Celso assume um discurso agressivo, elevando sua montagem à categoria de manifesto destinado a comunicar, "através do teatro, a chacriníssima realidade nacional". A realização ganha uma posição de liderança no movimento tropicalista, já efervescente nas artes visuais, no cinema e na música popular. Zé Celso é um dos ícones da tropicália, juntamente com Hélio Oiticica, Glauber Rocha e Caetano Veloso. A repercussão é impactante e polêmica, chocando muitos críticos e espectadores, mas impondo-se pela ousadia e originalidade. Essa reação repete-se nas apresentações nos festivais internacionais de Florença, na Itália, e Nancy, na França. O crítico francês Bernard Dort flagra, todavia, a verdade da realização: "Estamos aqui diante não de uma tranquila tentativa de fundar um teatro folclórico e nacional [...], mas de um apelo raivoso e desesperado por um outro teatro: um teatro de insurreição".

Por sua vez, Sábato Magaldi, o crítico sempre generosamente atento às novidades da ribalta, também recebeu com entusiasmo o novo trabalho do Oficina, em crítica publicada no dia 3 de outubro de 1966 no *Jornal da Tarde* e também reproduzida na coletânea organizada por Edla van Steen:

Inteligente, estimulante, audacioso, agressivo – essas são palavras que de imediato ocorrem já no final do primeiro ato de *O rei da vela*, o espetáculo-manifesto do Oficina. O diretor José Celso Martinez Corrêa manipulou a admirável peça de Oswald de Andrade com uma volúpia criadora irresistível e devolveu à plateia, como num espelho, a "chacriníssima" imagem do país. Oswald irreverente, violento, o anarquista saudoso de uma ordem perfeita, recriado com a liberdade e a paixão vital que eram a sua natureza. Que mais se poderia exigir dessa revelação de um texto trinta anos guardado em livro, como a acusar as nossas empresas e o nosso público de não estarem preparados para ele? [...] A generosa iniciativa do Oficina é um momento importante do teatro brasileiro, uma tomada de consciência em nível elevadíssimo e um desafio à capacidade de raciocínio do espectador. [...] O espetáculo é cruel e desagradável. Acautelem-se as sensibilidades frágeis. Mas não é essa, sem véus, a triste verdade do mundo de hoje?

Depois de *O rei da vela*, o Oficina estava preparado para enfrentar, dentro e fora da ribalta, o cenário de guerra que se imporia no "ano mais trágico da história do teatro brasileiro", nas palavras de Yan Michalski.

Grupo Opinião

Em fins de 1964, Augusto Boal anunciou que o núcleo carioca do Teatro de Arena passaria a desenvolver na então capital do estado da Guanabara um trabalho permanente e independente da matriz paulista, mas em articulação com ela. Naquele momento o Arena exibia no Rio de Janeiro sua primeira contribuição ao tropicalismo, o *show* musical *Opinião*, dirigido por Boal. Tratava-se do primeiro espetáculo a ser considerado uma resposta direta ao regime militar e como tal mobilizou o movimento de resistência à ditadura no meio artístico e intelectual de esquerda. Foi também o primeiro espetáculo do Arena encenado com base no Método Coringa.

Integravam o núcleo carioca do Arena, entre outros, Vianinha, Milton Gonçalves, Nelson Xavier, Chico de Assis, Flávio Migliaccio, Vera Gertel e Isabel Ribeiro, quase todos oriundos da experiência paulista do grupo. A bem-sucedida exibição de *Opinião* no Rio de Janeiro acabou resultando, com a adesão de artistas radicados no Rio, como João das Neves, Armando Costa, Ferreira Gullar e Paulo Pontes, na transformação do núcleo local do Arena em Grupo Opinião. Instalado no espaço do *shopping center* de Copacabana em que o *show* musical era exibido e que depois se transformou no Teatro Opinião, esse novo grupo tornou-se o elemento aglutinador da resistência à ditadura entre os artistas que viviam no Rio de Janeiro, mantendo uma ação destacada por mais de um ano e sobrevivendo artisticamente até 1983.

No programa do espetáculo, Vianinha, Armando Costa e Paulo Pontes assinam uma contundente crítica ao "repertório do teatro brasileiro que está entalado, atravessando a crise geral que sofre o país", e que acabou "por fazer do nosso teatro um teatro sem autoria, sem deliberação, à matroca. O teatro cá, o público lá". E acrescentam, depois de elogiar exemplos de outros grupos que consideram exceção à regra:

> É preciso restabelecer o teatro de autoria brasileira – não somente o teatro do dramaturgo brasileiro – o espetáculo do homem de teatro brasileiro, é preciso que finalmente e definitivamente nos curvemos à nossa força e à nossa originalidade.

Essa avaliação era um claro indício da dissidência interna que acabou afastando, desde logo, José Renato e, depois, tantos outros que resistiam a se submeter ao "dogmatismo ideológico do Partidão". Essa dissidência de caráter essencialmente político tendia a se aprofundar não apenas entre a gente do teatro, mas também na frente ampla progressista que resistia à repressão militar. Não chegou a ocorrer, contudo, uma ruptura nessa aliança porque, por ironia, o inimigo comum garantiu, muitos anos à frente, a unidade de ação das forças democráticas contra a ditadura.

Centro Popular de Cultura (CPC)

Predomina até hoje no pensamento da esquerda mais radical a convicção de que o teatro – como as artes, de modo geral – serve para conscientizar politicamente a sociedade, ou não serve para nada. Em meados do século passado, em plena Guerra Fria, esta era uma questão que se colocava agudamente na chamada vanguarda do pensamento político-cultural, especialmente radicalizada em nações periféricas – assim compreendidas aquelas à margem do *mainstream* da economia global – como o Brasil.

Uma importante, embora efêmera, experiência que colocou em prática, a partir do conceito de "arte popular revolucionária", um projeto de "cultura nacional, popular e democrática" foi a criação do Centro Popular de Cultura (CPC), vinculado à União Nacional dos Estudantes (UNE) por óbvias razões de ordem prática, uma vez que a ideia foi gestada fora do âmbito estudantil estritamente considerado. O CPC nasceu, a rigor, dentro do Teatro de Arena, a partir de discussões em torno da necessidade de levar o grupo a "parar de falar apenas para a classe média". Essas discussões iniciaram-se, em 1960-61, por ocasião da temporada carioca em que foram encenadas no Rio de Janeiro *Eles não usam black-tie*, de Guarnieri, e *Chapetuba F. C.*, de Oduvaldo Vianna Filho. Foram se incorporando ao grupo artistas das mais variadas áreas: além do teatro, música, literatura, cinema, artes plásticas etc.

No ano seguinte, em março de 1962, o sociólogo Carlos Estevam Martins, pesquisador do prestigiado Instituto Superior de Estudos Brasileiros (Iseb), que fora convocado para dar apoio acadêmico à criação do CPC – do qual se tornaria o primeiro diretor –, divulgou o anteprojeto do "Manifesto do Centro Popular de Cultura". O documento classificava a arte popular que então se conhecia como "de ingênua consciência", destinada exclusivamente "a satisfazer necessidades lúdicas e de ornamento", de modo que se impunha a necessidade de "um laborioso esforço de adestramento à sintaxe das massas". Martins, anos depois, mudou-se para São Paulo, onde foi assessor do governador Franco Montoro e secretário da Educação dos governos Quércia e Fleury.

Era natural que o teatro, por seu forte potencial de proselitismo, tivesse certa prioridade nas atividades do CPC, embora outras manifestações artísticas não fossem negligenciadas. Ainda durante as discussões preliminares à criação da entidade, uma das ideias concretizadas foi a da montagem de uma peça que significasse um avanço significativo em relação ao "teatro para a classe média" que o Teatro de Arena era acusado então de estar levando aos palcos. Em 1961, com texto de Oduvaldo Vianna Filho e direção de Chico de Assis – dois dos principais contestadores do Arena àquela altura –, mais música de Carlos Lyra, foi encenada a peça *A mais-valia vai acabar, seu Edgar*, no teatro de arena da Faculdade de Arquitetura da Universidade Federal do Rio de Janeiro (UFRJ).

Num longo artigo publicado em outubro do mesmo ano na revista *Movimento*, da UNE, pela via transversa da crítica ao teatro que, em sua opinião, se fazia então no país, Vianinha explica o teatro que o CPC se propunha a fazer:

> Comercialmente, o teatro não pode enfrentar os monopólios digestivos da televisão, do cinema, das boates e, agora, os do teatro também. A televisão e o cinema pouco ou nada podem dizer. São censurados pelo poder econômico. São obrigados a serem digestivos e laxantes. O teatro, que poderia levantar a bandeira da conscientização, da luta, enrolou-se melancolicamente. A televisão precisa utilizar todo o seu poder criador para deformar o público. É uma arte dizer coisas banais e ser ouvido o tempo todo. A televisão é paga para isso. Essa é a sua missão objetiva. Não depende da vontade dos artistas da televisão. A televisão não é o reino da mediocridade dos medíocres. De maneira nenhuma! O teatro, não percebendo isso, é incapaz de lutar pela redenção cultural de nossos artistas – despreza-os, sente-se superior, e justifica sua inação, sua abulia, seu igrejismo, com esparsas montagens de autores internacionais de algum significado. O teatro formou uma aristocracia artística que, como o nobre desapropriado, paga com fome, com desemprego, com falta de público, essa ilusória condição de liberdade e dignidade. Não há nenhuma dignidade em passar fome em silêncio.
>
> O público do Teatro Arena conduziu o Arena para outro caminho. O Arena foi porta-voz do público. Não é o público que detesta pensar: é uma bem azeitada engrenagem que não lhe dá acesso às informações. E o pensamento começa pela informação, pela situação histórica e concreta em que nos descobrimos. A *Luta Democrática*[3] só publica histórias de crimes porque no dia em que publicar os crimes políticos e econômicos a *Luta* seria vendida até no Polo Sul. A prova disso está no sucesso comercial das peças para serem pensadas: *Pagador de promessas, Gimba, Revolução na América do Sul, Pedro*

---

3. Diário sensacionalista de grande circulação na época no Rio de Janeiro.

Mico, Semente, Boca de ouro (*Boca* entra aqui para aliciar o Nelson Rodrigues e não deixá-lo totalmente contra essas posições).

O CPC teve vida curta, mas profícua. Estimulado e favorecido pelo ambiente de forte mobilização política que marcava o governo Goulart, dedicou-se, prioritariamente, ao teatro popular, que levou à periferia do Rio de Janeiro e às favelas cravadas no centro da cidade, bem como aos sindicatos e às portas de fábricas. O projeto do CPC inspirou-se, em muitos pontos, na experiência do Movimento de Cultura Popular (MPC), implantado no Recife, durante o governo de Miguel Arraes, por intelectuais e artistas como Ariano Suassuna, Paulo Freire, Aluizio Falcão, Germano Coelho, Hermilo Borba Filho e Francisco Brennand. O MPC, vinculado à Secretaria Municipal de Educação, desenvolvia atividades nas mais diversas áreas – principalmente na teatral – com base num vigoroso programa pedagógico destinado a "elevar o nível cultural do povo".

No mesmo dia da eclosão do golpe militar de 1º de abril de 1964, o CPC foi sumariamente fechado, junto com a UNE, que teve depredadas suas instalações na praia de Botafogo. Mas a experiência do CPC gerou frutos. Um deles, que já foi mencionado, marcou, com grande impacto, a estreia da "música de protesto" no repertório do teatro de resistência: o *show Opinião*, que estreou em 11 de dezembro do mesmo ano.

A importância do teatro amador

O teatro amador – assim compreendida a atividade cênica, geralmente esporádica, que não visa objetivos comerciais – predominou no Brasil até o final do século XIX, com poucos grupos sistematicamente organizados, entre os quais Elderson M. de Melo e Mariana B. M. Andraus citam

> montagens de dramaturgos brasileiros como Gonçalves Magalhães e Martins Pena realizadas em teatros criados (no Rio de Janeiro) pela Corte portuguesa. Durante esse período, alguns grupos organizados de forma amadora também podem ser citados, como os de algumas associações de amadores criadas em

Curitiba em 1887, em Vitória e em outras localidades do território imperial brasileiro. [p. 97]

A partir das primeiras décadas do século XX, começaram a surgir companhias profissionais, geralmente comandadas por atores e atrizes de renome, dedicadas quase exclusivamente à encenação de comédias de costumes, com predominância de textos estrangeiros. É interessante observar, contudo, que nesse período de estagnação da produção teatral profissionalizada foi o teatro amador que avançou na modernização da dramaturgia e da encenação nos palcos brasileiros, com pelo menos dois exemplos emblemáticos: *Vestido de noiva*, de Nelson Rodrigues, em 1943, e *Auto da compadecida*, de Ariano Suassuna, em 1956.

Vestido de noiva revolucionou a arte cênica no Brasil e é, quase unanimemente, considerada o marco inaugural da fase moderna do teatro brasileiro. Só discordam dessa qualificação alguns representantes da esquerda, para os quais esse é um "falso marco", entre outras razões pelo fato de que a dramaturgia de Nelson Rodrigues não estaria ainda "madura" quando escreveu *Vestido de noiva*, sua segunda peça. É fácil perceber que essa discrepância do senso comum só se pode explicar pela irredimível implicância da esquerda com o exacerbado conservadorismo político de Nelson Rodrigues. Uma implicância equivalente à que o grande dramaturgo, durante os anos de chumbo, tinha com os "padres de passeata" e a "esquerda de botequim". Chumbo trocado, portanto.

Implicâncias à parte, retomando a questão da importância do teatro amador no processo de evolução do teatro nacional, o fato é que a montagem de *Vestido de noiva*, em 28 de dezembro de 1943, no Teatro Municipal do Rio de Janeiro, sem embargo de ter sido magistralmente dirigida por Ziembinski, profissional polonês recém-chegado ao Brasil, foi encenada por um grupo amador, Os Comediantes, e o próprio autor, jornalista e escritor, ainda não podia ser considerado um dramaturgo profissional.

O outro exemplo, *Auto da compadecida*, escrito por Suassuna em 1955, foi encenado pela primeira vez no ano seguinte, no Recife, por um grupo amador, e desde então fez sucesso em todo o país. Em 1962 Sábato Magaldi considerou a peça "o texto mais popular do moderno teatro brasileiro". Foi adaptado para o cinema e a televisão.

Os estudantes em cena

O teatro amador, principalmente no âmbito estudantil – no qual o CPC da UNE foi um magnífico exemplo –, teve também atuação importante na resistência democrática ao golpe de 1964. Walnice Nogueira Galvão, professora de literatura da USP, relembra em seu depoimento:

> Embora em 1968 o movimento de resistência à ditadura no âmbito do teatro girasse principalmente em torno do Arena e do Oficina, havia muitos outros grupos teatrais menores, profissionais e amadores, também atuando. No âmbito estudantil não havia praticamente uma escola ou faculdade importante em que não houvesse, geralmente no grêmio estudantil, um grupo teatral atuante. Por exemplo, durante a ocupação da Maria Antônia em 68, o pessoal da FAU da própria Faculdade de Filosofia encenou ali mesmo *Os fuzis da Senhora Carrar*, de Brecht, um clássico da dramaturgia universal, cujo tema é exatamente a luta em defesa da democracia, contra o fascismo. Foi uma coisa que começou com o CPC da UNE, que tinha como política encenar teatro didático e levar para a favela, para as fábricas, para a periferia, enfim, com o intuito de promover a politização do povo. E isso começou nos primeiros anos da década de 60, até antes do golpe militar de 64. Movimentos como esse, aliás, é que acabaram provocando o golpe militar de 1º de abril. Nesse contexto, o teatro constituía-se num imenso movimento social e de militância política que persistiu até o Ato Institucional nº 5.

Contavam-se às dezenas, talvez centenas, em todo o país, os grêmios estudantis, universitários e colegiais, que procuravam acompanhar, na medida de suas em geral limitadíssimas possibilidades, o engajamento do teatro profissional, Arena e Oficina à frente, tanto na renovação e modernização da dramaturgia e da encenação quanto na dimensão político-social da arte teatral. Algumas iniciativas aconteciam fora das escolas, sob a

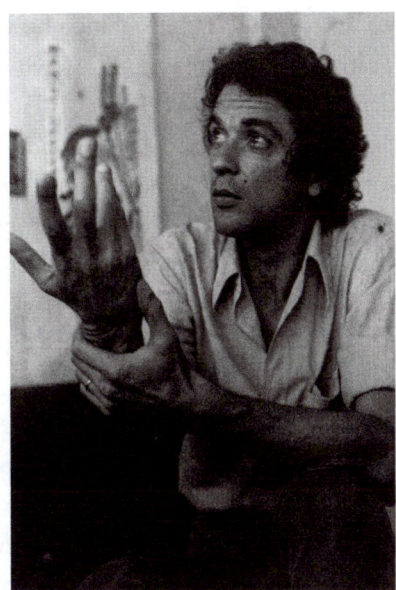

Gianfrancesco Guarnieri e Oduvaldo Vianna Filho

orientação de artistas iniciantes mas já com alguma experiência no ramo, como era o caso do Teatro Paulista do Estudante (TPE), liderado pelos jovens Gianfrancesco Guarnieri e Oduvaldo Vianna Filho, que logo se associaram ao Arena e ajudaram a escrever importantes páginas da história do teatro de resistência à ditadura.

Mariangela Alves de Lima também dá ênfase à atuação dos estudantes no teatro amador:

> Outro fenômeno importante na época eram os grupos estudantis de altíssima qualidade. Por exemplo, o grupo da PUC dirigido por Roberto Freire, que encenou *Morte e vida severina*, de João Cabral de Melo Neto, em 1965, no Tuca. E também o Tusp, sob o comando de Flávio Império.

Fora do âmbito estudantil, também era grande o número de grupos amadores que, em todo o país, dedicaram-se a fazer teatro nos anos de chumbo. Uma das experiências mais relevantes, na capital paulista, é a do único grupo que, coetâneo do Oficina, está em atividade até hoje: o Teatro Popular União e Olho Vivo (Tuov), fundado em 1966. Por coincidência, a exemplo do Oficina, o Tuov nasceu no Centro Acadêmico XI de Agosto, da Faculdade de Direito do Largo de São Francisco. Desde então, sob a liderança do dramaturgo e diretor César Vieira (nome artístico de Idibal Piveta, que se destacou também como advogado de presos políticos naqueles anos), o grupo dedica-se há meio século à ampla e profícua "troca permanente de experiências culturais com as comunidades carentes da Grande São Paulo". O Teatro Popular União e Olho Vivo funciona no bairro paulistano da Barra Funda.

Também da mesma época surge em São Paulo, em 1967, o Grupo de Teatro Casarão – igualmente com a participação de César Vieira, na condição de autor e diretor –, instalado no início da avenida Brigadeiro Luís Antônio, um espaço comunitário que funcionava como sede do grupo e era também onde vivia, comunitariamente, a maior parte de seus integrantes.

O papel do Sistema S

A instituição do chamado Sistema S, em meados dos anos 1940, acabou resultando, nos anos 1960, em importante incremento do apoio institucional às atividades artísticas, em particular o teatro. No estado de São Paulo, a atividade teatral foi beneficiada por iniciativas tanto do Serviço Social do Comércio (Sesc) quanto do Serviço Social da Indústria (Sesi). Esse trabalho pioneiro teve papel relevante para a formação profissional e político-social de quadros do teatro brasileiro, com forte contribuição para a modernização e a inserção social da arte cênica no país.

A partir da inauguração, em 1967, do Teatro Sesc Anchieta, na unidade Consolação, na capital paulista, o Sesc São Paulo ampliou para todo o estado uma rede de teatros e espaços cênicos dedicada, não apenas mas preponderantemente, à exibição de espetáculos. Só na capital paulista, além do Consolação, outras unidades dispõem hoje de modernos teatros: Avenida Paulista, Belenzinho, Bom Retiro, Interlagos, Ipiranga, Pinheiros, Pompeia, Santana, Santo Amaro, Vila Mariana e 24 de Maio. Na rede de unidades do Sesc no interior do estado, a programação teatral também é intensa.

Além disso, desde 1984 funciona junto ao Teatro Anchieta o Centro de Pesquisa Teatral (CPT), dirigido por Antunes Filho. Entre os objetivos para os quais o CPT foi criado figuram o de promover atividades que discutam a produção teatral brasileira, fornecendo critérios para a melhoria dessa realidade sociocultural; abordar o teatro numa perspectiva cultural, social e econômica brasileira; formar atores e técnicos de apoio por meio de um processo pedagógico comprometido com a produção de espetáculos teatrais; propiciar a animação cultural de um espaço, mostrando e discutindo as novas tendências do teatro e da aproximação entre público, artistas, autores e obras. Sobre o trabalho do CPT e de seu diretor, declarou o diretor regional do Sesc-SP, Danilo Santos de Miranda:

> Antunes Filho conta com toda a infraestrutura para criar seus trabalhos geniais [...] Fiz questão de dar-lhe todo o suporte de que necessitava para poder desenvolver o seu trabalho absolutamente peculiar e excepcional [...] Para mim, tê-lo abrigado no Sesc Consolação é mais do que justificável. Primeiro, por ser um diretor extraordinário [...] Segundo, a ação do Antunes transita com um caráter didático muito forte. E isso para o Sesc é fundamental. Porque a nossa ação tem de ter esse caráter educativo sempre. O Antunes tem um componente ético, ele tem um componente absolutamente vinculado a uma proposta institucional; ele reúne isso de forma brilhante.

Em meio século de existência, além de apresentar um rico repertório produto do trabalho do CPT, o Teatro Anchieta foi sempre um palco muito requisitado pelas melhores produções do teatro nacional e abrigou grande número de festivais, amadores e profissionais. O consagrado diretor Gabriel Villela valoriza a presença do teatro do Sesc Consolação em sua vida profissional:

> O Sesc Consolação passou a ser uma espécie de templo. O festival do Sesc era um grande acontecimento teatral da cidade de São Paulo. Tinha um espaço de

convivência, troca de experiência, reflexão, debates, que foi fundamental para a formação de muita gente. A minha vida, a vida que eu levo hoje, foi definida há 25 anos no Sesc. Muito do que sou, do que penso de teatro hoje, o jeito que me comporto dentro de uma casa de espetáculo, devo ao aprendizado e participação naqueles festivais.

Como também está registrado no livro *Teatro Sesc Anchieta: um ícone paulistano* (Edições Sesc São Paulo, 2017):

> os festivais de teatro tinham como objetivos principais o desenvolvimento de uma produção cultural mais consistente, dando oportunidade àqueles que se aventuram no campo das artes cênicas nas suas mais variadas funções, e também instigar o público espectador para a formação de um olhar crítico a respeito das obras teatrais.

O Festival de Teatro Amador do Sesc teve, a partir de 1968, no auge da repressão militar, até 1988, doze edições, que com o tempo perderam seu caráter estritamente amador, sem se afastar do propósito de fazer surgir novos profissionais e criar novos públicos. Em 1984, a oitava edição do festival já não trazia em seu título a qualificação "amador", mas o texto da programação esclarecia:

> Se não há argumentos "artísticos" para nos ocuparmos do teatro amador, há evidências culturais, ao menos no sentido antropológico, de que estamos diante de um fenômeno importante e de grandes dimensões [...] Neste mesmo momento, em centenas de cidades brasileiras, existem grupos de pessoas debruçadas sobre folhas mal impressas tentando decorar um texto, ensaiando uma marcação [...] é através deles (amadores) que o teatro chega. À família, que muitas vezes é seu público mais direto. Ao clube da periferia. Aquilo que a elite cultural tenta preservar nos seus domínios, esse teatro rompe e democratiza [...] É claro que esse movimento não está voltado, conscientemente, para uma tarefa pedagógica, educativa. Mas é um subproduto importantíssimo, que às vezes nem mesmo os protagonistas percebem.

Cartaz do primeiro Festival de Teatro Amador do Sesc, realizado em 1968.

A partir de 1984, a última edição do evento produzido pelo Sesc Consolação abriu espaço para os festivais internacionais, jornadas e mostras.

No Sesi, teatro sem bilheteria

Desde os primeiros anos de sua existência, na segunda metade da década de 1940, em São Paulo, também o Serviço Social da Indústria (Sesi) investiu em experiências de teatro popular que produziram bons frutos colhidos até hoje. Certamente não por coincidência, no mesmo ano, 1948, em que o industrial paulista Franco Zampari fundava o Teatro Brasileiro de Comédia (TBC), o Sesi instituiu um programa de incentivo à prática teatral dentro das fábricas, com elencos constituídos de operários e temas focados nas questões de interesse dos trabalhadores.

O idealizador desse primeiro programa do Sesi na área do teatro e seu gestor até 1955 foi o jornalista e crítico do *Diário de São Paulo* Nicanor Miranda, que participara também da criação do TBC. Dos encenadores contratados para dirigir os grupos amadores nas fábricas participava, desde 1951, Osmar Rodrigues Cruz, responsável por esse trabalho na fábrica da Rhodia em Santo André.

Em 1957 Osmar Cruz assistiu, no Teatro de Arena, a uma palestra do produtor e diretor teatral francês Jean Vilar, que à frente do Théâtre National

Populaire (TNP), de Paris, comandava um importante e bem-sucedido programa de popularização do teatro. Influenciado pelo pensamento de Vilar, Osmar decidiu propor ao Sesi a instituição de uma companhia teatral estável que cuidaria de consolidar, sistematizar e ampliar a experiência que já se vinha desenvolvendo, agora com a criação de um elenco estável que se encarregaria de encenar espetáculos compatíveis com o universo dos trabalhadores fabris. Surgiu assim, em 1959, a primeira fase do projeto, com o nome de Teatro Experimental do Sesi. A estreia da nova companhia, ainda amadora, deu-se em janeiro de 1959, no Teatro João Caetano, próprio da prefeitura paulistana, com duas montagens: *Amar e curar-se*, de Thornton Wilder, e *O homem de flor na boca*, de Pirandello.

O sucesso da experiência levou a direção do Sesi, em 1963, a transformar o que era experimental em Teatro Popular do Sesi (TPS), sob a direção de Osmar Rodrigues Cruz, com elenco e equipe técnica contratados e a missão de levar espetáculos populares de qualidade, com ingresso gratuito, não só à capital paulista mas também a cidades do interior do estado. Nos primeiros anos o TPS apresentava-se em salas alugadas, no mais das vezes no Teatro da Associação Israelita do Brasil (Taib), no bairro do Bom Retiro. Nessa sala aconteceu o maior sucesso de público da história do TPS: *O milagre de Anne Sullivan*, de William Gibson, estreou em 1967 e permaneceu em cartaz por dois anos consecutivos.

Em 1977, a Federação das Indústrias do Estado de São Paulo (Fiesp) inaugurou nova sede, na avenida Paulista, da qual faz parte até hoje uma bem montada sala de espetáculos que passou a ser sede do TPS. Contemporânea dessa nova fase de consolidação do TPS foi a criação das Caravanas do Sesi, encarregadas de realizar um programa regular de exibições teatrais no interior de São Paulo. Na sede permanente, na avenida Paulista, iniciou-se um ciclo de grandes produções da dramaturgia nacional e internacional, bem como de espetáculos musicais. Essa fase, inaugurada com *O poeta da Vila e seus amores*, de Plínio Marcos, sobre a vida de Noel Rosa, ampliou a encenação de textos de autores nacionais em início de carreira, como Maria Adelaide Amaral, com *Chiquinha Gonzaga, ó abre alas*, e *O rei do riso*, de Luís Alberto de Abreu.

Em 1992, com a aposentadoria de Osmar Rodrigues Cruz, a companhia fixa foi dissolvida, e o Sesi passou a contratar diretores e elencos para produções avulsas, abrindo espaço para encenadores consagrados, como Antônio Abujamra, Bia Lessa, Ulysses Cruz, Gabriel Villela e Moacyr Góes. Esse é o sistema que perdura até hoje.

Os dois maiores críticos teatrais de São Paulo que acompanharam de perto a trajetória do Teatro Popular do Sesi são unânimes nos elogios à iniciativa, como se observa em depoimentos transcritos na *Enciclopédia Cultural Itaú*. Sábato Magaldi: "O Teatro Popular do Sesi fez do seu grupo uma realidade significativa no panorama teatral de São Paulo, oferecendo um bom espetáculo, de graça, a muita gente que, de outra forma, talvez não conhecesse uma plateia". Décio de Almeida Prado: "A finalidade do conjunto é dupla: social, ao oferecer espetáculos gratuitos àqueles que não estão em condições de poder pagá-los, e artística, por achar que a plateia operária merece o teatro da melhor qualidade".

Destaques individuais

Além das figuras do mundo teatral que nos anos de chumbo marcaram importante presença, dentro e fora dos palcos, na condição de integrantes de grupos profissionais e amadores, algumas personalidades destacaram-se por sua atuação individual, seja no fazer teatral propriamente dito, seja na resistência aos desmandos da ditadura. É claro que, mesmo na condição de integrantes, ou líderes, de um coletivo específico dentro da categoria dos profissionais de teatro, os artistas e técnicos que não temeram se expor na luta da resistência democrática não ignoravam os riscos pessoais que enfrentavam, e muitos pagaram caro pela ousadia. Mas esses estavam de alguma forma protegidos pelo sentido coletivo de sua atuação.

Ao destacar a ação individual de três personalidades do teatro que tiveram coragem e determinação para confrontar a ditadura por conta, preponderantemente, de suas convicções pessoais, a intenção é homenagear toda a gente do teatro. Uma homenagem pelos extraordinários exemplos não apenas de dedicação ao teatro, mas de consciência política e convicção democrática demonstrados num momento difícil, trágico mesmo, da vida nacional. Trata-se de uma atriz, um autor e uma produtora teatral – também atriz nas horas vagas – cujos nomes tornaram-se conhecidos até mesmo por quem não tem familiaridade com o teatro: Cacilda Becker, Plínio Marcos e Ruth Escobar.

Cacilda, talento e coragem

Cacilda Becker Yáconis nasceu em Pirassununga, no interior paulista, em 1921. Antes de completar 10 anos, com a separação dos pais, imigrantes italianos, mudou-se com a mãe e as duas irmãs – uma delas, Cleyde Yáconis – para Santos. Quando menina sonhou ser bailarina, mas ainda adolescente começou a fazer teatro amador. Por indicação do autor e crítico teatral Miroel Silveira, que a viu no palco em Santos, teve uma rápida experiência com o grupo amador de Paschoal Carlos Magno, no Rio de Janeiro. Ainda no teatro amador, passou por várias companhias e diretores, como Esther Leão, Raul Roulien, Sadi Cabral, Décio de Almeida Prado, Bibi Ferreira e Ziembinski, entre outros. Com Os Comediantes, no Rio de Janeiro, participou da reencenação de *Vestido de noiva*, de Nelson Rodrigues.

Em 1948 esteve no elenco de uma das peças da fase amadora do Teatro Brasileiro de Comédia (TBC), *A mulher do próximo*, texto e direção de Abílio Pereira de Almeida. Daí em diante, já como profissional, participou da maioria das produções do TBC por cerca de dez anos. Ali ganhou grande experiência com os diretores italianos Luciano Salci, Adolfo Celi e Ruggero Jacobbi e se consagrou uma das maiores atrizes brasileiras.

Em 1958 Cacilda, que deixara o TBC no ano anterior, funda sua própria companhia teatral e o Teatro Cacilda Becker (TCB), tendo como sócios Walmor Chagas, seu marido, Cleyde Yáconis, sua irmã, Ziembinski e Fredi Kleemann. Onze anos depois, tendo brilhado em grandes sucessos da dramaturgia internacional – como *Jornada de um longo dia para dentro da noite*, de Eugene O'Neill; *A visita da velha senhora*, de Dürrenmatt; *A noite do iguana*, de Tennessee Williams; e *Quem tem medo de Virginia Woolf?*, de Edward Albee, Cacilda sobe ao palco de seu teatro pela última vez para interpretar, ao

Cartaz da *1ª Feira Paulista de Opinião*, desenhado por Jô Soares.

lado de Walmor Chagas, sob a direção de Flávio Rangel, *Esperando Godot*, de Samuel Beckett. Era o dia 6 de maio. Um derrame cerebral impede-a de terminar o espetáculo. Levada a um hospital, morre 38 dias depois, em 14 de junho de 1969. Uma década depois, ainda sob o impacto dessa tragédia da vida real, o crítico carioca Yan Michalski escreveu no *Jornal do Brasil*:

> não temos até hoje outra atriz-fenômeno como Cacilda, com a mesma generosidade de entrega, a mesma capacidade de mergulhar até o fundo em cada personagem, a mesma inquietação, tenacidade, a mesma coragem na composição, pedra por pedra, de um repertório coerente. [...] Uma pessoa com este carisma, com esta capacidade de falar legitimamente em nome de todo o teatro brasileiro, e sempre disposta a fazê-lo com firmeza e serenidade, talvez seja o que mais nos faz falta desde que Cacilda desapareceu.

Em 1968, Cacilda Becker era presidente da Comissão Estadual de Teatro (CET), vinculada ao Conselho Estadual de Cultura, órgão da Secretaria da Cultura, Esportes e Turismo do Governo do Estado de São Paulo. O teatro vivia um momento difícil com as arbitrariedades e a truculência da censura, então centralizada em Brasília. Cacilda fora nomeada para o cargo por pressão da gente do teatro, que sentira a necessidade de ter à frente da CET alguém com coragem e credibilidade para confrontar o governo militar. E essa expectativa foi plenamente correspondida. Em julho de 1967, por exemplo, poucos dias depois da proibição pela censura de *Navalha na carne*, de Plínio Marcos, Cacilda havia lançado e liderado uma campanha pela liberação do espetáculo, para tanto promovendo na cobertura de seu apartamento, na avenida Paulista, onde dispunha de um pequeno espaço cênico, um "ensaio para convidados" da peça proibida. Dias depois, no Rio de Janeiro, Tônia Carrero faz o mesmo em sua casa.

Um ano depois, em junho de 1968, ocorreu o principal episódio da atuação política de Cacilda Becker à frente da CET, relatado em detalhes no terceiro ato deste livro: o Teatro de Arena programara para o dia 5 a estreia da peça *1ª Feira Paulista de Opinião*, composta de seis textos encomendados por Augusto Boal a dramaturgos de renome, convidados a dizer o que pensavam sobre a realidade nacional. O resultado, como se poderia esperar, era um forte libelo – nem sempre sutil – contra a ditadura militar. A censura, deliberadamente, descumpriu os prazos para a liberação, ou não, do espetáculo. Cacilda procurou comandantes militares para exigir a solução do problema, repetindo o que já fizera em relação a outras peças proibidas. No dia marcado para a estreia, sem resposta de Brasília, ela reuniu o elenco no palco do Teatro Ruth Escobar e anunciou ao público presente que, num ato de desobediência civil, em seguida a peça seria encenada integralmente. Esse ato de coragem garantiu a permanência do espetáculo em cartaz.

Plínio, bendito maldito

Plínio Marcos de Barros, dramaturgo, ator e encenador, foi o que se pode chamar com absoluta precisão de figura ímpar no cenário teatral brasileiro. Em *Bendito maldito* (Leya, 2009), biografia desse pensador e artista para o qual a classificação de admirável é modesta, o autor, Oswaldo Mendes, homem de teatro e jornalista, define já no prólogo:

> Nem gênio, nem analfabeto. Nem anjo, nem demônio. Nem marginal, nem herói. O teatro ensina que um personagem se define pelas suas ações. Não é o que diz de si mesmo, ou o que os outros dizem a seu respeito, que importa. São os seus atos que dão consistência ao pensamento. [...] Sem querer sugerir uma "moral da história" como nas fábulas de Esopo ou La Fontaine, Plínio Marcos resumiu numa frase a sua vida: "Eu fiz por merecer". Ao contrário dos que culpam a sorte madrasta ou a fúria dos algozes, ele não pede indulgência nem que as gerações futuras o indenizem, ou aos seus descendentes, pelo que sofreu. Poucos foram tão cerceados no direito ao trabalho e à liberdade de expressão quanto ele. E nisso não há versões, há fatos.

Pois os fatos da vida de Plínio Marcos demonstram que ele "foi um artista maldito por sua opção de amor à humanidade, por ter escolhido e pagado o alto preço de permanecer fiel a seu irredimível senso de justiça", como este escriba teve a honra de registrar na orelha do livro de Oswaldo

Plínio Marcos

Mendes. O amor à humanidade e o senso de justiça, que eram a inspiração de sua dramaturgia e a razão de sua rebeldia cívica, transformaram Plínio Marcos, durante os anos de chumbo, num símbolo importante da resistência democrática. E essa imagem pública transformou-o no mais censurado autor teatral de seu tempo.

Dotado de excepcional inteligência e sensibilidade, desde muito jovem, criança mesmo, Plínio optou por andar na contramão do chamado senso comum que imperava no ambiente de classe média em que nasceu e foi criado, num bairro operário de Santos, cidade portuária. Desde logo incompatibilizou-se com a escola, perdeu interesse pelas aulas, não só porque sua condição de criança superdotada o contemplava com uma enorme volúpia de descobrir o mundo em torno de si, mas também por uma razão, digamos, psicológica: Plínio era canhoto, o que era considerado, em casa e na escola, um desvio a ser corrigido, se necessário, com castigos físicos. Como consequência, o menino jamais dominou a escrita: só conseguia, já adulto, botar no papel garranchos em letras de fôrma que precisavam ser "traduzidos" – no caso de sua produção dramatúrgica, por sua primeira esposa, Walderez de Barros.

No convívio com marinheiros, trabalhadores da estiva, marginais, prostitutas e toda sorte de malandros que perambulavam pelos cais de Santos e a adjacente região central e boêmia da cidade, desde muito jovem Plínio assimilou o linguajar e conviveu com valores e códigos morais conflitantes com a condição pequeno-burguesa de seu ambiente familiar. A conjugação de uma sensibilidade social profunda, precocemente revelada, com imaginação fértil e criatividade sem peias moldou o perfil artístico de um pensador rebelde que desde logo descobriu nas artes cênicas o seu instrumento de comunicação com o mundo. E iniciou sua trajetória artística – nada mais natural – no circo, fazendo o palhaço Frajola, em duas fases, antes e depois de prestar o serviço militar na Aeronáutica. Na segunda fase, passou meses fazendo o Frajola pelo interior paulista com um grupo de ciganos.

De volta a Santos, antes de se mudar definitivamente para São Paulo, Plínio escreveu e, um ano depois, encenou *Barrela* – logo censurada –, que conta a história de um jovem currado na cadeia. Foi o marco inaugural de sua carreira de dramaturgo, graças ao entusiasmo que despertou numa celebridade do modernismo brasileiro, sua amiga Patrícia Galvão. Pagu, como era conhecida, publicou em *A Tribuna*, principal jornal de Santos, dirigido por seu então marido Geraldo Ferraz, uma crítica de *Barrela* em que anunciava Plínio Marcos como a nova revelação da dramaturgia brasileira.

Depois de um período se dividindo entre Santos e São Paulo, Plínio se fixou na capital paulista, entre outras, por uma forte razão: num Festival de Teatro Amador promovido por Paschoal Carlos Magno em Campinas, em 1961, conhecera aquela que viria a ser sua mulher, mãe de seus três filhos, com a qual permaneceria casado por mais de vinte anos: a atriz Walderez de Mathias Martins, forte e decisiva influência em sua vida. Casaram-se num cartório do bairro paulistano do Ipiranga em 16 de dezembro de 1963, quando ela passou a se chamar Walderez de Barros e já era, havia pouco tempo, atriz profissional. Estreara nessa condição dois meses antes, participando, ao lado de Plínio, no elenco de *Onde canta o sabiá*, de Gastão Tojeiro, com direção de Hermilo Borba Filho.

Plínio Marcos tornou-se amigo de Cacilda Becker, que conhecera em Santos, e quando se fixou em São Paulo, entre muitas outras atividades avulsas – no Teatro de Arena, por exemplo, onde participou do elenco de *O noviço*, de Martins Pena –, passou a trabalhar para ela, inicialmente como faz-tudo no teatro que levava o nome da atriz. Na Companhia Cacilda Becker Plínio estreou como ator em *César e Cleópatra*, de Bernard Shaw, com direção de Ziembinski. Logo depois fez *O santo milagroso*, de Lauro César Muniz, dirigido por Walmor Chagas.

Plínio trabalhou também, por vários anos, como técnico da TV Tupi, em cujo departamento artístico acabou se tornando, em fevereiro de 1964, autor – com *Réquiem para tamborim* – e ator, de grande sucesso, aliás, na novela *Beto Rockfeller*.

Desde seu primeiro texto, *Barrela*, que permaneceu proibido por vários anos, Plínio nunca parou de escrever. Fazia-o à mão, em letra de forma, e Walderez datilografava, depois de fazer a revisão ortográfica e gramatical. Em 1966 surgiu aquele que seria o primeiro grande sucesso de crítica e público, em São Paulo e no Rio de Janeiro, depois de ter enfrentado as dificuldades com a censura que perseguiriam Plínio até o fim da ditadura civil-militar: *Dois perdidos numa noite suja*, inspirado num conto do italiano Alberto Moravia. Um dos primeiros a assistir o espetáculo, na segunda apresentação no Ponto de Encontro da Galeria Metrópole, onde estreou, o crítico e diretor italiano Alberto D'Aversa entusiasmou-se: "Este jovem autor não é mais uma promessa, é uma certeza. Vai ser duro tirá-lo de titular. *Dois perdidos numa noite suja* é, sem dúvida, a peça mais inquietante e viva destes últimos e anêmicos anos de teatro brasileiro".

A previsão de D'Aversa confirmou-se. Mil novecentos e sessenta e sete foi o grande ano de Plínio Marcos, com a estreia de quatro peças suas, todas no segundo semestre: em setembro, em São Paulo e, no mês seguinte, no Rio, com elencos diferentes, aquela que viria a ser o maior sucesso de Plínio, peça proibida em junho e liberada depois de grande campanha liderada por Cacilda Becker: *Navalha na carne*. Também em setembro, em São Paulo, *Jesus homem*. Em outubro, mais duas estreias: *Homens de papel* e *Quando as máquinas param*. Enquanto isso, *Dois perdidos numa noite suja* continuava em cartaz.

Paralelamente, Plínio continuava agitando politicamente, marcando presença ativa em todas as reuniões e manifestações públicas a que conseguia comparecer e lutando, por todos os meios, para a liberação de suas peças, que àquela altura eram censuradas pelo simples fato de serem assinadas por um autor "maldito". Quando lhe perguntavam como explicava e se sentia com o fato de ser o autor mais censurado do país, a resposta estava na ponta da língua, em seu estilo irreverente: "Eu faço por merecer".

Tratando-se de Plínio Marcos de Barros, uma personalidade tão marcante e uma trajetória de vida tão intensa e atribulada podem ser descritas de várias maneiras. Pode-se dar ênfase a esta ou aquela faceta desse personagem, ou destacar essa ou aquela de um amplo repertório de proezas por vezes inacreditáveis, mas sempre a serviço de uma irredimível vocação humanista. Um amplo e profundo relato da trajetória deste bendito maldito pode ser desfrutado na biografia escrita por Oswaldo Mendes. Mas a melhor síntese da vida e da obra desse artista e pensador genial foi feita pelo próprio, em poucas palavras. No livro, vá lá!, de "memórias" *Figurinha difícil: pornografando e subvertendo* (Editora Senac-SP, 1996), Plínio relata, com a criatividade que lhe era peculiar, o episódio em que descobriu que fazia parte da coleção Brasil Novo, um álbum de figurinhas, e por algum tempo se iludira com a ideia de que a sua poderia ser uma disputada "figurinha difícil":

> Quando voltei para mim, estava com uma vontade imensa de gritar: olha, gente, eu não nasci para isso de ser figurinha. Nem fácil, nem difícil. Eu não quero ser figurinha. Eu quero é contar a história da gente minha, que é essa gente que só pega a pior, só come da banda podre. O bagulho catado no chão da feira. Quero falar dessa gente que mora na beira dos córregos e quase se

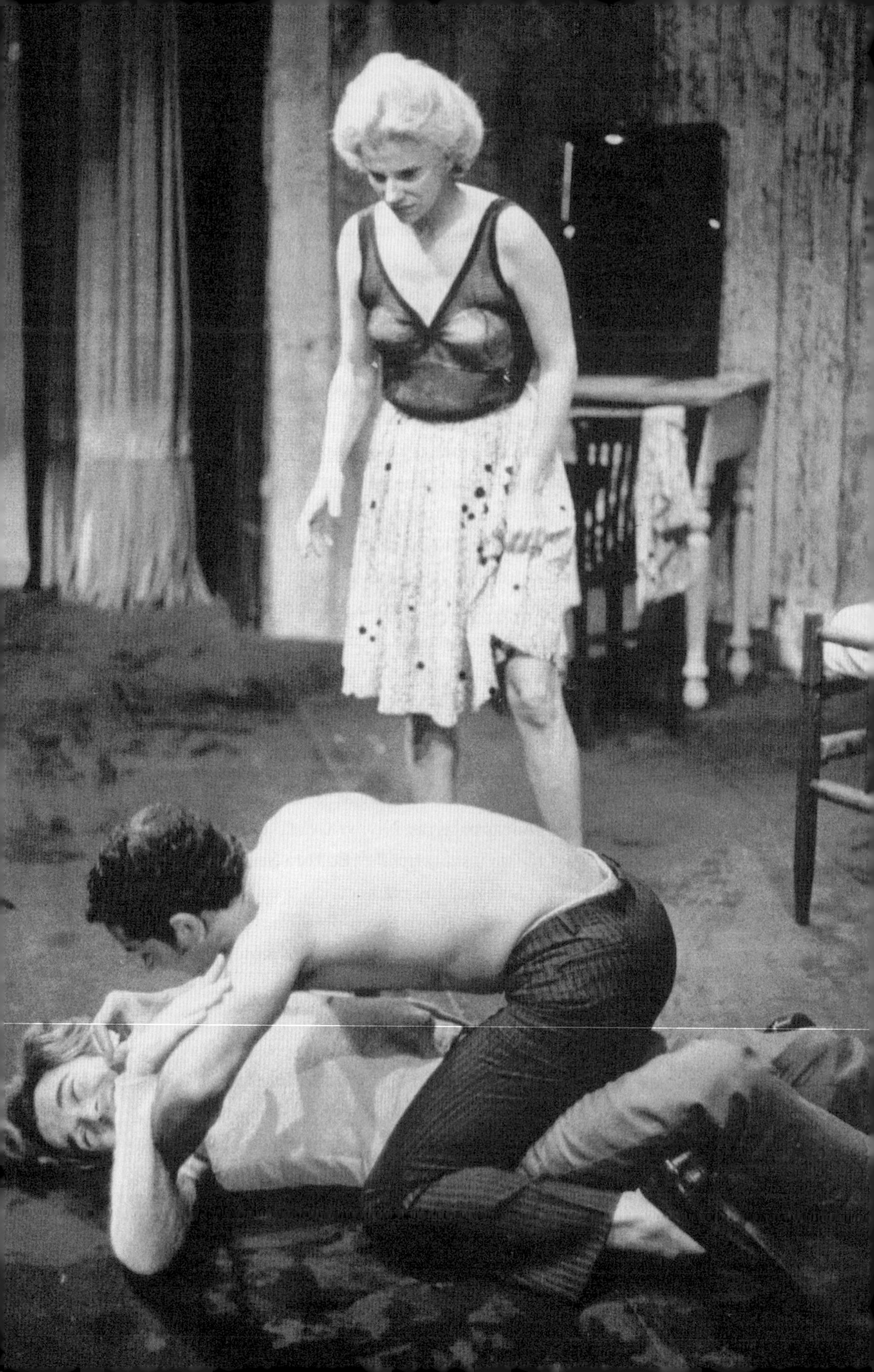

afoga toda vez que chove. Quero falar dessa gente que só berra da geral sem nunca influir no resultado. É disso que eu quero falar.

Falou e disse.

Ruth Escobar, empreendedora e atriz

Maria Ruth dos Santos Escobar nunca foi uma figura unanimemente amada e respeitada pela gente do teatro. Foi o preço que pagou pela ousadia, nem sempre contida nos limites da transparência nos negócios, que fez dela uma das maiores empreendedoras do teatro brasileiro. Ela foi também, claro, uma atriz importante, condição facilitada pelo fato de que era a proprietária da companhia que patrocinava os espetáculos de que era protagonista. Isso, contudo, não diminui seus méritos como artista. Ela própria, de qualquer modo, sempre valorizou o papel de empreendedora, produtora cultural, pelo qual, sem a menor dúvida, se tornou merecedora de reconhecimento e respeito pelo fato de ter invariavelmente orientado suas iniciativas na direção da melhor vanguarda artística e cultural. Sobre ela afirma Mariangela Alves de Lima:

> Ruth Escobar teve um papel importantíssimo, fantástico, na renovação de nosso teatro. Ela distribuiu purpurina para todos nós. Teve, para a minha geração, o papel de nos trazer o melhor teatro do mundo naquele momento. São magníficos exemplos disso as montagens de *Cemitério de automóveis*, em 1968, depois *O balcão* e *A torre de Babel*, os festivais internacionais. Ela teve realmente um papel muito importante numa época culturalmente muito pobre. Trouxe ao Brasil muita gente que fazia um teatro fantástico, com pouquíssimos recursos.

« Tônia Carrero, Nelson Xavier e Emiliano Queiroz em cena de *Navalha na carne*, de Plínio Marcos, em 1969.

Ruth Escobar

Ruth Escobar nasceu no Porto, em Portugal, de família pobre, e aos 16 anos, em 1951, emigrou com a mãe para o Brasil. Casou-se com o filósofo e dramaturgo Carlos Henrique Escobar, que a acompanhou à França em 1958, onde ela fez curso de teatro. De volta ao Brasil, o casal montou uma companhia teatral, Novo Teatro, em parceria com o diretor italiano Alberto D'Aversa, aqui radicado. Por dois anos foram encenados textos da dramaturgia internacional, como *Mãe Coragem e seus filhos*, de Bertolt Brecht, e *Males da juventude*, de Ferdinand Bruckner, e também uma obra do próprio Escobar, *Antígone América*, todas dirigidas por D'Aversa.

Em 1964, já casada com o segundo marido, o arquiteto Wladimir Pereira Cardoso, Ruth começa a demonstrar sua força como empreendedora. Cria um programa itinerante de teatro popular, batizado de Teatro Popular Nacional, que por mais de um ano levou espetáculos à periferia de São Paulo usando como palco um ônibus adaptado. Ainda em 1964 Ruth concretizou o projeto de ter seu próprio teatro. Construído na rua dos Ingleses, na Bela Vista, em frente ao Hospital Infantil Menino Jesus, o Teatro Ruth Escobar estava destinado a ser palco não apenas de importantes montagens teatrais, mas também, nos anos seguintes, principalmente em 1968, de eventos que marcaram a luta de resistência à ditadura civil-militar.

Sempre preocupada em encenar espetáculos de vanguarda, em 1968 Ruth trouxe ao Brasil o renomado diretor argentino Victor Garcia para dirigir a revolucionária adaptação dele próprio – encenada em Paris no ano anterior – de *Cemitério de automóveis*, de Fernando Arrabal, renomado escritor, dramaturgo e cineasta espanhol que, por se opor à ditadura franquista, passou muitos anos asilado na França. Para a montagem da peça, que foi protagonizada pela própria Ruth e por Stênio Garcia à frente de grande elenco, foi adaptada uma oficina de automóveis na rua Treze de Maio, bem perto do teatro. A encenação se desenvolvia por todo o espaço da antiga garagem, na plateia as poltronas eram giratórias, de modo que os espectadores pudessem ter uma visão de 360 graus do espetáculo. Sábato Magaldi gostou do que viu:

> O desempenho liberto da dicção realista, o desenvolvimento antipsicológico dos conflitos, a violência física e as evoluções acrobáticas punham diante de nós um universo inédito, cujos paralelos teóricos parecem irmanar-se ao ritual artaudiano ou mesmo grotowskiano. [...] Momento de suprema beleza visual, sintetizando simbolicamente o significado de *A Primeira Comunhão*: enquanto a avó solene e majestosa dava conselhos, a neta, respondendo apenas um "sim mamãe", era paramentada em círculos concêntricos de diferentes tamanhos, até transformar-se em verdadeiro bolo de noiva. Era a primeira vez que se construía, à nossa frente, metáfora tão poderosa.

No Teatro Ruth Escobar, em junho de 1968, foram exibidos dois espetáculos polêmicos que se tornaram alvo de grupos paramilitares que apoiavam a ditadura, entre eles o tristemente famoso Comando de Caça aos Comunistas (CCC). Ambas as peças foram alvo de ameaças e numa delas, *Roda viva* – texto de Chico Buarque de Hollanda, direção de José Celso Martinez Corrêa e produção, em São Paulo, da própria Ruth –, as ameaças se concretizaram: após o encerramento de uma apresentação, o teatro foi

Chico Buarque e elenco de *Roda viva*, 1968.

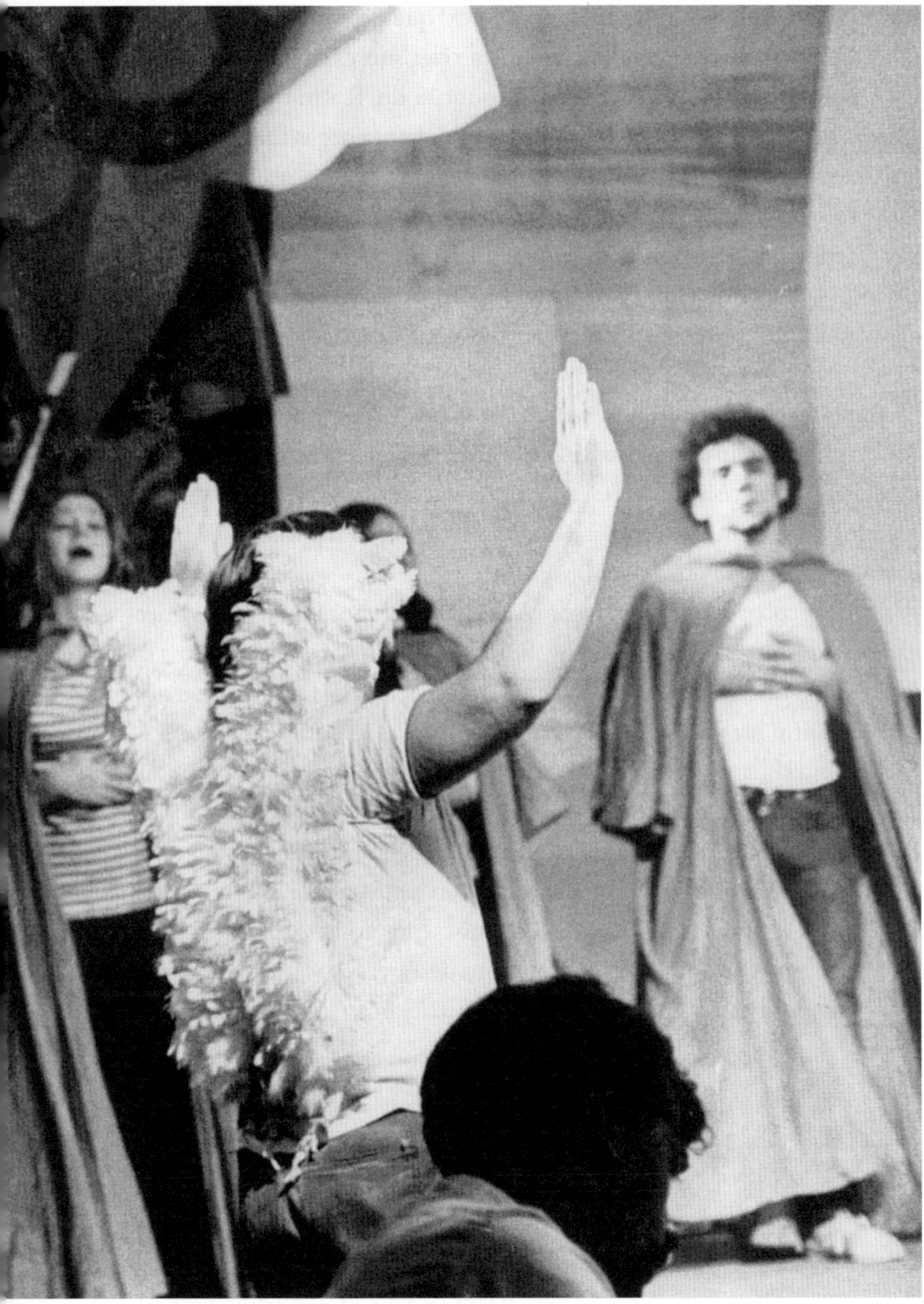

tomado de assalto por um comando do CCC que depredou a sala Galpão, onde o espetáculo era exibido, e agrediu atrizes, atores e equipe técnica.

A outra peça ameaçada era uma produção do Teatro de Arena, dirigida por Augusto Boal, que reunia textos de dramaturgos brasileiros que faziam críticas ao regime militar: *1ª Feira Paulista de Opinião*. O espetáculo fora proibido pela censura e liberado após uma forte campanha liderada por Cacilda Becker e por Ruth. Foi no Teatro Ruth Escobar que Cacilda, então presidente da Comissão Estadual de Teatro, repudiou a censura e anunciou o ato de desobediência civil que seria, em seguida, a encenação na íntegra da *Feira*.

Em 1969, novamente sob a direção de Victor Garcia, com produção de Ruth, foi encenado no Teatro Ruth Escobar, totalmente reformado para o espetáculo, *O balcão*, de Jean Genet. A ousada iniciativa arrebatou todos os prêmios importantes do ano, e Ruth foi agraciada com o troféu Roquette Pinto na categoria Personalidade do Ano.

Ruth Escobar foi também responsável pela realização do Festival Internacional de Teatro, periodicamente apresentado em São Paulo, a partir de 1974, com o melhor da produção cênica internacional. O festival teve oito edições, entre 1974 e 1999.

Embora jamais se tenha afastado do teatro, Ruth Escobar teve períodos em que se dedicou prioritariamente a outras atividades, como a política. Foi deputada estadual de São Paulo em duas legislaturas consecutivas, as de 1982 e 1986. Retornou aos palcos em 1990 e atuou pela última vez em 2001, numa versão de *Os lusíadas*, de Camões, por ela mesma criada.

Morreu em São Paulo, em 5 de outubro de 2017, aos 82 anos, depois de ter lutado por 17 anos contra a doença de Alzheimer.

TERCEIRO ATO
VESTIDOS DE FARDA

"Talvez o ano mais trágico de toda
a história do teatro brasileiro."

Yan Michalski

O cenário de guerra já estava armado

Janeiro/1968 – Censura tira de cartaz, em Brasília, *Um bonde chamado desejo*, de Tennessee Williams, e suspende por trinta dias a atriz Maria Fernanda e o produtor Oscar Araripe, provocando uma greve de três dias de todos os teatros do Rio e de São Paulo e protestos de artistas nas escadarias dos teatros municipais das duas cidades. A Associação Brasileira de Imprensa (ABI) protesta. A repercussão do episódio leva o ministro Gama e Silva a criar um grupo de trabalho para tratar do assunto e garante: "O teatro é livre; a censura não os incomodará mais". O chefe da censura, general Juvêncio Façanha, repete ofensas à gente do teatro.

17/01 – Estreia de *Roda viva* no Teatro Princesa Isabel, no Rio.

28/03 – Assassinato do estudante Edson Luís durante invasão do restaurante Calabouço, no Rio de Janeiro, pela repressão militar.

04/04 – Participantes da missa de sétimo dia pela morte do jovem Edson Luís são atacados pela PM carioca ao saírem da igreja da Candelária.

17/05 – *Roda viva* estreia em São Paulo, no Teatro Ruth Escobar.

06/06 – Data prevista para a estreia da peça do Arena *1ª Feira Paulista de Opinião*.

07/06 – Censura faz 84 cortes no texto da *Feira*. Cacilda Becker, presidente da Comissão Estadual de Teatro, anuncia a desobediência civil, e *Feira* é representada na íntegra.

08/06 – Polícia impede a apresentação de *Feira*. Atores vão para o Teatro Maria Della Costa, onde encenam parte do texto.

11/06 – Artistas negociam com o ministro da Justiça, Gama e Silva. Editorial do *Estadão* critica a "imoralidade" no teatro. Em assembleia, classe teatral vota a favor da devolução dos Sacis. O elenco de *Feira* apresenta o espetáculo em Santo André.

12/06 – *Feira* estreia "oficialmente" no Ruth Escobar, após liberação da Justiça com negociação de cortes.

20/06 – Artistas devolvem o Prêmio Saci ao *Estadão*. Décio de Almeida Prado, como prometera em artigo na véspera, abandona a crítica teatral.

26/06 – Passeata dos 100 Mil, no Rio de Janeiro, a última manifestação de massa promovida pelo movimento estudantil contra o regime militar em 1968.

18/07 – Pelo menos duas dezenas de membros do Comando de Caça aos Comunistas (CCC) invadem o espaço do Teatro Ruth Escobar, em São Paulo, onde acabara de ser encenada mais uma vez a peça *Roda viva*, de Chico Buarque de Hollanda, espancam todo o elenco e a equipe técnica e destroem cenários e equipamentos.

31/07 – No Rio de Janeiro, o CCC ataca a encenação de *O burguês fidalgo*, de Molière, no Teatro Maison de France.

04/08 – Ameaças de morte aos elencos de *Dois perdidos numa noite suja* e *Navalha na carne*, peças de Plínio Marcos em exibição em São Paulo desde o ano anterior.

05/08 – Mais uma vez no Rio, dessa vez o alvo do CCC é a peça *Juventude em crise*, no Teatro Glaucio Gill.

02 e 03/10 – Estudantes da Faculdade de Filosofia, Ciências e Letras da USP e da Universidade Mackenzie, ambas situadas na rua Maria Antônia, entram em conflito que resulta na morte do estudante secundarista José Carlos Guimarães, de 20 anos, atingido na cabeça por um tiro de autoria desconhecida, mas provavelmente do CCC, disparado do prédio do Mackenzie.

04/10 – O CCC ataca o elenco que na véspera estreara *Roda viva* em Porto Alegre. O governo militar proíbe definitivamente a peça.

08/10 – A atriz Norma Bengell, que protagonizava *Cordélia Brasil*, de Antônio Bivar, no Teatro de Arena, em São Paulo, é sequestrada e levada ao Rio de Janeiro para ser interrogada sobre "a subversão na classe teatral".

12/10 – A repressão militar acaba com o pretensamente clandestino Congresso da UNE que se realizava em Ibiúna, São Paulo, e prende cerca de 400 estudantes, inclusive os líderes Luís Travassos, Vladimir Palmeira, José Dirceu e outros.

21/11 – O governo militar edita a Lei 5.536, que "dispõe sobre a censura de obras teatrais e cinematográficas, cria o Conselho Superior de Censura e dá outras providências".

02/12 – O Teatro Opinião, no Rio de Janeiro, onde Geraldo Vandré fazia o espetáculo musical *Pra não dizer que não falei das flores*, sofre atentado a bomba.

13/12 – O governo militar decreta o Ato Institucional nº 5 (AI-5), que escancara o regime ditatorial com o fechamento do Congresso Nacional, a imposição de recesso aos tribunais superiores e a suspensão do *habeas corpus*. A ditadura se institucionaliza.

Mil novecentos e sessenta e oito mal começava, e o general Juvêncio Façanha, chefe da censura, fazia questão de deixar claro o que a gente do teatro poderia esperar dele dali em diante. Pouco tempo antes ele havia demonstrado a que vinha, em declaração dirigida aos artistas envolvidos com cinema e teatro: "Ou vocês mudam, ou acabam". Em seu memorável livro *1968, o ano que não terminou – A aventura de uma geração*, editado vinte anos depois pela Nova Fronteira, Zuenir Ventura pinta com cores fortes o clima de apreensão reinante no país, de modo especial no meio artístico, naquele ano excepcional em que o golpe militar de 1964 comemorava seu quarto aniversário:

> Alguns sintomas desse anunciado medo eram mais ou menos visíveis aqui e ali. O mais assustador deles surgiu em forma de entrevista de um general cujo sobrenome já era prometedor: Juvêncio Façanha, diretor do Departamento de Polícia Federal, encarregado da censura. Façanha decretara em janeiro, pelos

jornais: "O teatro está podre". Acabara de realizar-se na Associação Brasileira de Imprensa (ABI) um importante encontro de artistas e intelectuais para protestar contra a censura. "A reunião da ABI", explicou Façanha, "foi dirigida por pessoas que não têm moral para representar nenhuma classe". Quando chamaram sua atenção para o fato de que na mesa diretora havia personalidades como Tônia Carrero e Odete Lara, ele pareceu voltar por um momento à caserna para responder: "São umas vagabundas". Ele vociferava: "A classe teatral só tem intelectuais pés-sujos, desvairados e vagabundos, que entendem de tudo, menos de teatro".

A façanha verbal do general-censor, em fevereiro, era resposta à estrondosa reação da classe teatral – da qual o encontro na ABI fazia parte – à decisão da censura de tirar de cartaz, em Brasília, a peça de um "perigoso" dramaturgo comunista norte-americano, Tennessee Williams: *Um bonde chamado desejo*. Protestava-se também contra o disparate de a censura ter imposto uma suspensão de 30 dias à atriz Maria Fernanda, que protagonizava o espetáculo, e ao produtor Oscar Araripe. A truculenta ação da censura contra uma peça que poderia, mesmo naquela conjuntura, ser classificada, no máximo, de polêmica sugere que o general-censor estava ostensivamente tentando marcar posição diante dos "vagabundos" e "subversivos", aproveitando para punir aqueles que acabavam de cometer a afronta de se exibir em seus domínios, a capital federal.

O diário carioca *Correio da Manhã* satirizou impiedosamente o episódio:

> Brasília assistiu a um espetáculo estranho. Viaturas do Dops postaram-se diante de um teatro [...] Todo aquele aparato se voltava contra o elenco de *Um bonde chamado desejo*, de Tennessee Williams, ou seja, contra quatro atrizes e três atores. A peça, depois de exibida à exaustão no Rio, São Paulo, Bahia, Belo Horizonte, sem falar no resto do mundo, ofendeu a sensibilidade de um censor, que exigiu o corte das palavras "gorila", "vaca" e "galinha". O censor se chama Leão. Talvez se julgue, portanto, o rei dos animais, com direito a vetar o nome de alguns de seus súditos. Em verdade esse Leão sugere outro animal, de orelhas compridas e zurrante.

Eva Wilma e Pepita Rodrigues em montagem de 1974 da peça *Um bonde chamado desejo*, de Tennessee Williams.

Reagindo com natural indignação ao que se configurava como clara ameaça à atividade cênica, todos os teatros de São Paulo e do Rio de Janeiro fizeram uma greve de protesto de três dias, e os artistas promoveram "vigílias cívicas" nas escadarias dos teatros municipais das duas cidades. Muitos outros eventos paralelos de repúdio à censura aconteceram país afora. O ativo envolvimento nessas manifestações das mais luzidias estrelas do teatro, artistas de outras áreas e intelectuais de grande prestígio fez com que o episódio ganhasse enorme repercussão na mídia. A greve de 72 horas e as atividades paralelas de protesto foram coordenadas por uma comissão ampla de personalidades do mundo intelectual e artístico: Otto Maria Carpeaux, Chico Buarque de Hollanda, Alceu Amoroso Lima, Juca Chaves, Oscar Niemeyer, Chacrinha, Carlos Drummond de Andrade, Grande Otelo, Antônio Callado, Djanira, Vinicius de Moraes, Tônia Carrero, Di Cavalcanti, Nelson Rodrigues, Glauber Rocha, Cacilda Becker, Walmor Chagas, Paulo Autran, Bárbara Heliodora e Domingos Oliveira.

A forte repercussão do movimento levou o ministro da Justiça, Gama e Silva, a criar uma comissão oficial de intelectuais, artistas e advogados encarregada de propor, com urgência, a regulamentação da censura. O anteprojeto, bem mais liberal do que a legislação então em vigor, foi encaminhado ao ministro da Justiça em maio. Mantinha apenas a censura classificatória, por faixas etárias, eliminando a censura proibitória. No embalo dessa onda, Gama e Silva, certamente com mais malícia do que entusiasmo, garantiu aos artistas: "O teatro é livre; a censura não os incomodará mais". Quando finalmente transformado em lei pelo presidente Costa e Silva, em outubro, o texto legal admitia casos de censura proibitória. Não chegou a ser surpresa. Mas se tornou uma lei inútil, porque permaneceu sem regulamentação e, ademais, tornou-se letra morta dois meses depois, com a edição do AI-5.

É curioso observar que a ruidosa reação ao agravamento das façanhas da censura logo no início do ano – foram censuradas, também, *Senhora Boca do Lixo*, de Jorge Andrade, e *Poder negro*, do dramaturgo norte-americano Roy Jones – acabou, de certo modo, desviando a atenção geral da estreia no Rio, em janeiro, de dois importantes espetáculos dirigidos por José Celso Martinez Corrêa: *O rei da vela*, no dia 5, e *Roda viva*, no dia 17. O primeiro, estreado em São Paulo em 29 de setembro do ano anterior, é considerado o marco inaugural do tropicalismo no Brasil. Acabou se transformando, também, num marco relevante da resistência democrática. *Roda viva*, por sua vez, somente quando se apresentou em São Paulo, em junho, passou a chamar a atenção da linha dura do governo militar – da qual o ministro da Justiça, Gama e Silva, era notória expressão – e tornou-se alvo da violência que acabou produzindo, talvez, o mais relevante evento emblemático da resistência da gente do teatro à repressão militar.

Assassinato no calabouço

Junho de 1968 marcou o auge e, a partir daí, o arrefecimento da mobilização estudantil-popular contra a ditadura militar, principalmente no Rio de Janeiro. Junho marcou também, depois da ruidosa reação da classe teatral à censura de *Um bonde chamado desejo* e de mais dois espetáculos, a explosão dos episódios mais relevantes, e daí para frente seus desdobramentos, da corajosa participação da gente do teatro e seus apoiadores no processo de resistência democrática. Processo que acabou sofrendo um golpe fatal em dezembro, com a decretação do famigerado AI-5.

Depois da reação contra a censura em janeiro, até junho a tensão e os principais confrontos das forças democráticas com a repressão da ditadura civil-militar concentraram-se no Rio de Janeiro, principalmente por conta da ação do Movimento Estudantil (ME), liderado na então capital do estado da Guanabara, principalmente, pela União Nacional dos Estudantes (UNE), presidida por Luís Travassos, e pela União Metropolitana dos Estudantes (UME), comandada por Vladimir Palmeira. Este, militante de uma dissidência do Partido Comunista, era mais moderado e priorizava a luta contra a política educacional do governo. Travassos, militante do grupo maoísta Ação Popular (AP), pretendia nada menos do que derrubar a ditadura no berro.

O episódio que deflagrou semanas sucessivas de manifestações de protesto do ME no Rio de Janeiro, culminando em junho com a histórica Passeata dos 100 Mil, foi o assassinato do estudante secundarista Edson Luís de Lima Souto, de 19 anos, pela Polícia Militar, no fim da tarde de 28 de março, diante do restaurante estudantil Calabouço, no centro da cidade. Havia meses que as entidades estudantis não perdiam oportunidade para manifestações praticamente diárias contra a ditadura, principalmente passeatas-relâmpago no centro da cidade. Para o início daquela noite estava programada uma manifestação de protesto contra o aumento do preço da refeição no Calabouço. Com a chegada da PM, os estudantes revidaram aos golpes de cassetete com pedradas e pauladas.

Os jornalistas Zuenir Ventura, Washington Novaes e Ziraldo assistiam ao confronto de uma janela do sexto andar de um prédio situado a 200 metros, na sucursal carioca da revista paulista *Visão*, onde trabalhavam. Ziraldo depôs à polícia contando que, depois de um recuo, a tropa voltara a atacar, agora com armas de fogo. Zuenir Ventura reproduz em seu livro o depoimento do colega:

Quando os soldados voltaram, começou o tiroteio, vindo da galeria do edifício da Legião Brasileira de Assistência (LBA). Os estudantes fugiram em polvorosa das proximidades e, neste momento, eu vi um policial, em posição característica de tiro, saindo da galeria, e alguém caindo.

Os próprios estudantes se encarregaram de dar destino ao corpo de Edson Luís. Zuenir relata:

> Tinha sido uma noite agitada – ali e em outros lugares da cidade. Logo depois de baleado, provavelmente já morto, Edson Luís foi levado pelos colegas à Santa Casa de Misericórdia, vizinha do Calabouço, para evitar que a polícia sequestrasse o corpo. Confirmada a morte, os estudantes ergueram o cadáver nos braços e, usando-o como aríete, foram empurrando os policiais até a Assembleia. Elinor Brito, presidente da Frente Unida dos Estudantes do Calabouço (Fuec), relataria a cena, mais tarde [...]: "Eles queriam tomar o corpo da gente e impedir a entrada na Assembleia".

As horas seguintes, madrugada adentro, foram consumidas por acaloradas discussões a respeito dos próximos passos, entre as lideranças estudantis e políticos, bem como artistas e intelectuais que acorreram ao velório no abarrotado salão nobre da casa legislativa. Os estudantes se recusavam terminantemente a entregar o cadáver do colega à polícia, sob o argumento de que "o governo" se encarregaria de dar-lhe sumiço. Não estavam dispostos nem mesmo a permitir que o corpo fosse levado ao Instituto Médico Legal para a indispensável autópsia.

Zuenir Ventura relata uma passagem reveladora da gravidade do impasse:

> Eterno combatente contra todas as ditaduras, o Doutor Sobral[4] estava acostumado a resolver situações difíceis, inclusive ao defender seu cliente e adversário político Luís Carlos Prestes contra, exatamente, a ditadura Vargas.

---

4. O já famoso advogado Sobral Pinto, defensor de acusados de crimes políticos.

Nessa noite, porém, ele fracassaria como mediador. Sem conseguir convencer a liderança estudantil, pegou o seu guarda-chuva preto e foi embora zangado.

A questão da autópsia acabou sendo resolvida com a decisão de fazê-la nas instalações do Serviço Médico da Assembleia. Restava saber como seria o enterro. Os estudantes, temendo a repressão, exigiam que o governo do estado retirasse os policiais das ruas ao longo de todo o trajeto do cortejo fúnebre até o cemitério São João Batista, em Botafogo. E não abriam mão de que esse roteiro incluísse a Embaixada dos Estados Unidos e o Palácio Guanabara, por motivos fáceis de imaginar. Uma exigência obviamente inaceitável, classificada pelo moderado Vladimir Palmeira como "pura provocação".

A retirada da polícia, pelo menos ostensivamente, do trajeto até o cemitério foi finalmente acertada nas primeiras horas da manhã do dia 29, após contato tanto do governador Negrão de Lima quanto de uma comissão de deputados com o comandante do I Exército, general Sizeno Sarmento. O próprio governador Negrão de Lima sabia que não era assunto para ser resolvido no âmbito de sua autoridade.

A notícia da morte do estudante e as circunstâncias em que ocorreu – corria, de início, a informação de que havia duas vítimas fatais – desde logo repercutiram fortemente na mídia eletrônica e no chamado boca a boca, facilitado pelo fato de que o confronto acontecera na hora do *rush* do fim da tarde, quando as ruas do centro da cidade ficavam habitualmente muito movimentadas. Aos poucos, estudantes, políticos, intelectuais, artistas e simples curiosos dirigiram-se em massa à Assembleia Legislativa do Estado da Guanabara, hoje Câmara Municipal da capital fluminense. Ao longo de toda a madrugada o prédio permaneceu abarrotado de gente, enquanto no salão nobre e nas escadarias da entrada oradores se sucediam em ataques à ditadura civil-militar.

Duas horas antes da saída do enterro, que ocorreu às 16h15, a Cinelândia já estava repleta de manifestantes. Mais de 50 mil pessoas levaram mais de duas horas para percorrer os cerca de seis quilômetros até o cemitério. À chegada, já anoitecia. Inexplicavelmente, o bairro estava às escuras. O

Cortejo com cerca de 50 mil pessoas pelas ruas do Rio de Janeiro após o velório do estudante Edson Luís, morto em confronto entre estudantes e polícia no restaurante Calabouço, em 28 de março de 1968.

enterro foi realizado, em ambiente de grande comoção, à luz de velas e de archotes improvisados, ao som do Hino Nacional.

Zuenir Ventura encerra o capítulo dedicado à morte do jovem Edson Luís com uma reflexão de observador atento:

> A repercussão de certos acontecimentos nem sempre é proporcional à importância dos atores neles envolvidos. O episódio do Calabouço, que desencadeou uma série de manifestações de protestos que iriam culminar com a lendária Passeata dos 100 Mil, três meses depois, ficou na história como um marco. Pode-se dizer que tudo começou ali – se é que se pode determinar o começo ou o fim de algum processo histórico. De qualquer maneira, foi o primeiro incidente que sensibilizou a opinião pública para a luta estudantil. Como cinicamente lembrava a direita, "era o cadáver que faltava".

A Passeata dos 100 Mil

A partir do episódio do Calabouço, o movimento estudantil ganhou intensidade e força no Rio de Janeiro, com repercussão e amplo apoio de lideranças democráticas em todo o país. Intelectuais, políticos, artistas, líderes sindicais e religiosos de grande prestígio integraram-se ao movimento, que àquela altura já estava consagrado como "uma conquista do ME". Os confrontos de rua decorrentes das manifestações de protesto realizadas durante e após a missa de sétimo dia da morte de Edson Luís, celebrada na igreja da Candelária em 4 de abril, tornaram-se pretexto para a linha dura do regime militar forçar a tentativa de edição de mais um Ato Institucional, o de número 5, que acabaria sendo assinado apenas no fim do ano.

Em Brasília, os rumores sobre a iminente decretação de novas medidas duras de exceção eram recorrentes no Congresso desde o dia 1º, quando o golpe militar comemorara quatro anos. Escreveu o colunista político Carlos Castello Branco, então considerado o mais bem informado do país:

> O MDB examina informações segundo as quais, desde a última terça-feira, isto é, antes dos acontecimentos desencadeados com a morte de um estudante no Rio de Janeiro, o Governo contempla a hipótese de editar um novo Ato Institucional para impor medidas que não consegue ver aprovadas pelo Congresso.

A intensidade das manifestações estudantis que passaram a fazer parte do dia a dia da capital fluminense, com repercussão em outros estados, provocou, a partir de fontes da linha dura militar e de seus apoiadores na sociedade civil, a circulação de rumores segundo os quais tudo fazia parte de uma conspiração das esquerdas latino-americanas para desestabilizar o governo de Brasília. De outra parte, havia quem sustentasse, à esquerda, que as manifestações estudantis estariam sendo estimuladas pela própria linha dura militar, com o objetivo de criar um pretexto para o endurecimento do regime.

Mas, se os militares queriam um pretexto para aumentar a repressão política, os estudantes não se negaram a oferecê-lo de bandeja. Para

Tanques ocupam a avenida Presidente Vargas, no Rio de Janeiro, em 4 de abril de 1968.

"comemorar" o quarto aniversário da "Revolução", no dia 1º de abril, os jovens vandalizaram o centro da cidade durante três horas. Como resultado, mais um estudante morto, Davi de Souza Neiva, atingido por um tiro no coração; outros quatro jovens baleados; 26 civis e 30 soldados feridos. O I Exército ocupou militarmente a cidade. Mas houve um episódio que lavou a alma dos manifestantes, segundo relata Zuenir Ventura, com fina ironia, em seu livro:

> A desmoralização maior ocorreu no Largo de São Francisco, para onde fora despachado, às pressas, o Brucutu velho de guerra. Esse carro prestara grandes serviços à repressão de rua na Guanabara. Era temido menos pela sua agressividade do que pelos humilhantes efeitos que produzia: encharcava

as pessoas e as derrubava no chão. Agora estava meio aposentado; vivia das glórias do passado. Mas o seu nome ainda impunha respeito. A sua chegada nesse dia foi assim descrita pelo Informe JB[5]: "Houve naturalmente princípio de pânico. O Brucutu estacionou em frente aos indóceis, apontou sua mangueira na direção das vítimas e, em meio à tensa expectativa, espirrou sua potência líquida, abalada pela decrepitude da máquina". O que aconteceu em seguida o jornal não pôde contar com todas as letras. As pessoas procuravam se esconder, quando o psicanalista Hélio Pellegrino, que liderava um grupo de intelectuais e artistas, gritou: "Gente, o Brucutu broxou!". A gargalhada dos que assistiam à cena abalou o moral das tropas da PM mais do que as pedras e os paus.

O desafio seguinte, para ambos os lados, era a missa de sétimo dia de Edson Luís, marcada para poucos dias depois. Diante dos fortes rumores de que o governo Costa e Silva, pressionado pela linha dura, esperava apenas "mais uma baderna" dos estudantes para baixar novo ato institucional suspendendo de vez as liberdades e garantias constitucionais, lideranças políticas e religiosas que passavam a representar uma frente ampla de resistência democrática empenharam-se, em tensas e sucessivas reuniões com o comando do ME, em obter o compromisso de que a proibição em vigor de manifestações de rua seria respeitada antes e depois da missa, que estava marcada para o fim da tarde.

Durante o dia o "pacto de paz" foi em certa medida respeitado, descontando-se pequenos focos de violência provocados por agitadores incontroláveis. O grande teste viria à noite. A igreja da Candelária estava lotada com mais de 600 pessoas. Nos arredores, uma massa incalculável de estudantes, apoiadores e curiosos. Já no final da missa, o som da movimentação das tropas invadiu o recinto. Em poucos minutos, cavalarianos da PM com as espadas desembainhadas, centenas de fuzileiros navais e agentes do Dops fecharam o cerco. Zuenir descreve a cena em seu livro:

---

5. Prestigiosa coluna política do *Jornal do Brasil*.

Plantada no centro da praça Pio X, a Candelária tem uma estranha posição. Está de costas, não de frente, para a principal avenida da cidade, a Presidente Vargas, cuja construção, mais recente, teve que contornar a bicentenária igreja. Essa inversão topográfica facilitava as intenções bélicas das forças sitiantes. A fachada barroca, com sua porta principal por onde deveriam passar os fiéis sitiados, dá para a parte menor da praça: as saídas são estreitas e mais facilmente bloqueáveis. Essa situação e os dois mil soldados que guarneciam toda a área não deixavam espaço para nenhuma esperança de fuga.

A apreensão geral dentro da igreja era grande porque, na manhã daquele mesmo dia, após uma primeira missa dedicada à memória de Edson Luís – esta encomendada pela Assembleia Legislativa –, a Cavalaria da PM fechara todas as saídas da igreja e partira violentamente para cima de quem tentava sair. Foi um massacre que, felizmente, não provocou vítimas fatais. Diante disso, à noite as previsões eram extremamente pessimistas. Mas dois fatores colaboraram para revertê-las: a coragem e o sangue-frio do grupo de padres que haviam oficiado o culto, e a troca do comando da tropa da Cavalaria, para evitar a repetição do que havia sido considerado pelos próprios militares um "erro tático" cometido pela manhã, com a obstrução de todas as rotas de fuga. À tarde, encerrada a missa, os padres, ainda paramentados, saíram da igreja na frente – gritando que não se tratava de uma passeata – e formaram duas fileiras entre as quais os jovens que saíam da igreja passaram pela cavalaria para se retirarem ilesos da praça depois de, pacificamente, atenderem às exigências mal-humoradas dos agentes do Dops que formavam uma segunda linha do "cinturão de segurança".

A agitação estudantil, fortemente apoiada por intelectuais, artistas e lideranças sindicais, manteve-se crescente até o mês de junho, sob um estímulo e uma ameaça. O estímulo era a forte repercussão internacional da revolta estudantil que, em maio, tomara as ruas de Paris, desafiando o governo do general Charles de Gaulle, que era conservador, mas estava muito longe de ser um ditador. A ameaça, aqui, era a aparente iminência de um "golpe dentro do golpe", com a linha dura do governo militar vencendo a queda de braço com a também aparente tendência moderada do presidente Costa e Silva e logrando impor a decretação de novo ato institucional que radicalizasse a ditadura. Nos dias 19, 20 e 21, essa ameaça esteve a ponto de se consumar em consequência da radicalização das manifestações estudantis e populares que mantiveram o Rio de Janeiro em permanente sobressalto, com violentos confrontos diários entre manifestantes contra a ditadura e a polícia, culminando com aquela que ficou conhecida como a "sexta-feira sangrenta", 21 de junho.

Zuenir Ventura descreve:

> Nesse dia, quando o povo – não só os estudantes – resolveu atacar a polícia, o centro da cidade assistiu a uma sequência de batalhas campais como nunca tinha visto antes e como não veria nos 20 anos seguintes[6]. Nos seis governos militares pós-64, incluindo a Junta, foi o que mais se pareceu com uma insurreição popular. Durante quase dez horas, o povo lutou contra a polícia nas ruas, com paus, pedras, e do alto dos edifícios, jogando garrafas, cinzeiros, cadeiras, vasos de flores e até uma máquina de escrever. O balanço de alguns hospitais – nem todos divulgaram os totais – registrou: 23 pessoas baleadas, quatro mortas, inclusive o soldado PM Nelson de Barros, atingido por um tijolo jogado de um edifício, 35 soldados feridos a pau e pedra, seis intoxicados e 15 espancados pela polícia.

Àquela altura dos acontecimentos, principalmente entre os não estudantes engajados na resistência democrática – formadores de opinião ligados às mais variadas atividades artísticas e intelectuais –, já era consenso a necessidade de promover uma grande manifestação de rua, a maior e mais importante de todas tanto pela quantidade quanto pela proeminência dos manifestantes. E a realização desse grande evento era considerada urgente para evitar que o movimento se exaurisse na banalização de pequenos atos diários de protesto.

Nos três dias que antecederam o 26 de junho, as melhores cabeças políticas, intelectuais e religiosas do Rio uniram-se às lideranças estudantis

---

6. Esse era o tempo decorrido entre os episódios narrados e o lançamento de *1968 – O ano que não terminou*.

para negociar com as autoridades estaduais e federais garantias mínimas para que a grande manifestação que planejavam transcorresse em paz. Não era uma negociação fácil, seja porque a tolerância do governo era cada vez menor, seja porque o voluntarismo dos jovens não contribuía para serenar os ânimos. Os esforços dos negociadores, contudo, frutificaram, e a quarta-feira, 26, amanheceu sem a polícia na rua.

Antes do meio-dia, os manifestantes começaram a afluir ao ponto marcado para a grande concentração de onde sairia a passeata, na Cinelândia. Na véspera, os prognósticos mais otimistas estimavam em 50 mil pessoas o número de participantes do evento. Mas nas primeiras horas da manhã, do alto das escadarias da Biblioteca Nacional, do Teatro Municipal e da Assembleia Legislativa – esta definida como ponto de encontro das lideranças –, já se podia perceber a surpreendente massa que, em grupos, chegava por todas as vias de acesso ao grande espaço público, saudada por uma chuva de papel picado que caía dos edifícios próximos.

Nas escadarias da Assembleia, os discursos começaram antes do meio-dia, com uma sucessão de oradores que representavam a ampla gama de entidades e grupos organizados integrados ao movimento de protesto. No comando, o presidente da UME, Vladimir Palmeira, pouco antes das 14 horas faz seu primeiro discurso – faria ainda mais dois ao longo do caminho, trepado em poste e na capota de um automóvel –, encerrando a concentração e anunciando o início da passeata, em direção à igreja da Candelária:

> minha gente, não pense que aplaudir e gritar "abaixo a ditadura" é uma vitória. Hoje a repressão não veio porque não pôde. E a nossa vitória é esta: ter saído na raça porque achava que tinha que sair. Mas a gente vai voltar para casa, o estudante para a aula, operário para a fábrica, repórter pro jornal, artista para o teatro. E é em casa, no trabalho, que a gente vai continuar a luta. Eu quero botar isso em votação: a gente vai continuar esta luta?

Movida pela intenção unânime de manter a luta, a passeata começou, chegando a seu final com estimados 100 mil participantes, a maior manifestação popular que o país veria em 1968. Zuenir Ventura encerra com o habitual equilíbrio e sensatez o capítulo no qual faz amplo e pormenorizado relato da Passeata dos 100 Mil:

> Comparada com a Marcha da Família com Deus pela Liberdade, que em 64 comemorou a tomada do poder pelos militares, ou com o Comício pelas Diretas Já, que em 84 encerrou esse ciclo, a Passeata dos 100 Mil parece, 20 anos depois, um modesto feito estudantil. Afinal, em termos de participação quantitativa, ela não conseguiu nem 10% do total reunido por aquelas outras manifestações [...] De qualquer maneira, para a época, a concentração da Cinelândia foi um marco simbólico da força estudantil – dos seus sonhos e, também, das suas limitações, como se veria depois.

A guerra escancarada

Marco inequivocamente importante da resistência democrática contra a ditadura que se havia instalado quatro anos antes no país, a Passeata dos 100 Mil foi na verdade a última manifestação popular de grande peso em 1968. A partir de então, com o arrefecimento da destemida ação dos estudantes e a desarticulação do movimento sindical provocada por quatro anos de repressão, exauriu-se o ativismo de rua. Mas a resistência democrática permaneceu firme e crescente, no âmbito da frente ampla constituída por lideranças políticas, intelectuais e artísticas.

Se a razão contrariada predispõe à luta, os direitos e interesses feridos ou ameaçados a potencializam. A quase unanimidade das chamadas "elites" e boa parte da classe média brasileira – na qual se integram lideranças intelectuais e artísticas – haviam apoiado o golpe militar de 1964 em nome da preservação dos valores democráticos diante da "ameaça comunista". Não demorou muito, contudo, para que a maior parte dessa classe média que marchara "com Deus pela Liberdade" se desse conta daquilo que os verdadeiros democratas sempre souberam: a "Revolução de 31 de Março", sob a forte influência da linha dura militar, não estava verdadeiramente comprometida com valores democráticos. Por detrás do golpe havia o pavor diante de um mundo em transformação, que era o pesadelo dos setores mais reacionários no topo da pirâmide social. Em plena Guerra Fria, essa fobia era estimulada pelos interesses das duas grandes potências internacionais em conflito: de um lado, os Estados Unidos, de outro, a então União Soviética. As Forças Armadas brasileiras não hesitaram em fazer uma opção "geopolítica" que oferecia, como irrecusável bônus, o exercício incontrastável do poder.

O processo do crescente engajamento da classe média na oposição à ditadura civil-militar foi o resultado de ter se evaporado a razão apresentada como justificativa para a deposição de um governo constitucional. E o mero repúdio ao governo dominado pela linha dura militar transformou-se em ações de resistência democrática quando intelectuais e artistas se deram conta de que não se tratava mais de apenas aplaudir e apoiar a generosa e frequentemente onírica intenção dos estudantes de mudar o mundo para melhor, mas de lutar de verdade contra a usurpação de sua liberdade e a interdição de seu trabalho pela imposição da censura.

A gente do teatro, em particular, que já no início do ano sentira o peso da truculência da censura, em junho, com o fortalecimento dos rumores da edição de medidas drásticas contra as liberdades democráticas, já se dera conta da necessidade inadiável de se articular e agir estrategicamente para impedir que seu trabalho ficasse à mercê dos humores de quem, como o general Façanha, a enxergava como "pés-sujos, desvairados e vagabundos, que entendem de tudo, menos de teatro". O mês de junho escancarou o estado de guerra entre o teatro e o governo militar, justificando a expressão com que o crítico teatral carioca Yan Michalski abre o capítulo sobre 1968 de seu livro *O teatro sob pressão* (Jorge Zahar, 1985): "Talvez o ano mais trágico de toda a história do teatro brasileiro".

Essa tragédia, no entanto, não se limitou à prática da censura aos espetáculos ou das prisões indiscriminadas e da agressão física aos artistas. Num

Vista da multidão durante a Passeata dos 100 Mil, que reuniu intelectuais, »
artistas, padres, professores e estudantes na Cinelândia, Rio de Janeiro,
em 26 de junho de 1968.

NOSSOS
COLEGAS
AS MÃES
EM DEFESA
DOS FILHOS
CONTRA
A
CENSURA
ARTISTAS
INTELECTUA
CLERO

lamentável episódio sobre o qual pairam plausíveis suspeitas de ter o dedo do governo no fato que o deflagrou, a classe teatral de São Paulo reagiu com a devolução dos prêmios Saci – patrocinados pelo jornal *O Estado de S. Paulo* desde 1953 – contra um editorial publicado no dia 11 de junho com pesadas críticas à "imoralidade" de espetáculos em cartaz. Sobre isso se falará mais adiante.

No âmbito estrito da arte cênica, depois de se ter apresentado no Rio de Janeiro, em meados de janeiro, com grande sucesso de público, mas sem provocar grande polêmica, *Roda viva* estreou na capital paulista, na sala Galpão do Teatro Ruth Escobar, em 17 de maio, precedida do enorme prestígio que lhe proporcionava o fato de ser dirigida por José Celso Martinez Corrêa e, principalmente, escrita pelo então muito jovem, mas já famoso, Chico Buarque de Hollanda, também autor da música que dava título à peça. Estava reservado a esse espetáculo um papel relevante como marco da resistência democrática contra a ditadura.

"O papel da arte de esquerda"

Enquanto isso, na sala Gil Vicente do mesmo Teatro Ruth Escobar, entrava em sua fase final de ensaios a peça *1ª Feira Paulista de Opinião*, concebida e dirigida por Augusto Boal, líder do Teatro de Arena. Tratava-se de seis pequenas peças – entremeadas por músicas especialmente compostas para a ocasião – escritas uma pelo próprio Boal e as outras cinco por dramaturgos por ele convidados: Bráulio Pedroso, Gianfrancesco Guarnieri, Jorge Andrade, Lauro César Muniz e Plínio Marcos. As músicas apresentadas nos entreatos eram compostas por Ary Toledo, Caetano Veloso, Edu Lobo, Gilberto Gil e Sérgio Ricardo. Além da peça, a *Feira* era composta também, em todos os espaços disponíveis do teatro, de exposições de pinturas, cartazes e fotografias.

Toda a história da *1ª Feira Paulista de Opinião*, sob esse mesmo título, está pormenorizadamente contada, com o texto completo do espetáculo, depoimentos, artigos e documentos relacionados, num volume de quase 400 páginas publicado em 2016 pela editora Expressão Popular, a partir de ampla pesquisa feita pela equipe do Laboratório de Investigação em Teatro e Sociedade (Lits), vinculado ao Departamento de Artes Cênicas da Escola de Comunicação e Artes da Universidade de São Paulo (USP). A pesquisa e a edição do livro foram coordenadas por Sérgio de Carvalho.

Por que uma "feira de opinião"? Augusto Boal responde no livro:

> Além do arbítrio de fabricar leis, decretos e outros dispositivos, como se tal não bastasse, decidiu o governo resolver seus problemas estudantis e operários com as patas dos cavalos, os cassetetes e as balas. Maniqueísta foi a ditadura. Contra ela e contra os seus métodos deve maniqueisticamente levantar-se a arte de esquerda no Brasil. É preciso mostrar a necessidade de transformar a atual sociedade; é necessário mostrar a possibilidade dessa mudança e os meios de fazê-la. E isso deve ser mostrado a quem pode fazê-lo. Basta de criticar as plateias de sábado – deve-se agora buscar o povo. [p. 34]

Esse texto em que Boal diz o que pensa sobre a missão a ser cumprida pelo teatro de esquerda naquele momento é parte de um manifesto publicado por ele – reproduzido no livro do Lits[7] – no programa da *1ª Feira Paulista de Opinião*, relativo à temporada realizada de 12 a 22 de setembro de 1968 no Teatro João Caetano, no Rio de Janeiro. Em termos fortemente impregnados de suas convicções políticas de esquerda, repetindo mais de uma vez que "se um teatro se propõe à transformação da sociedade deve propô-la a quem possa transformá-la", Boal faz uma análise dura das "três linhas principais" do teatro de esquerda que então, a seu ver, se fazia no Brasil, as quais "devem agora ser superadas [...] não através da luta das três tendências entre si, mas sim através da luta desse conjunto contra o teatro burguês". Não obstante pregue a unidade, Boal tece críticas ásperas e irônicas aos grupos teatrais que não seguem a linha do Arena. E aproveita a descrição e a análise que faz do movimento tropicalista – criticado em tom de ironia que beira o depreciativo – para desdenhar o trabalho do Oficina.

---

7. O texto está reproduzido, na íntegra, na seção de anexos no final deste livro.

Para Boal, as três correntes são as seguintes: o neorrealismo presente, por exemplo, na dramaturgia de Plínio Marcos, Guarnieri, Vianinha e outros; a exortação caracterizada, "especialmente, pelo recente repertório do Arena" e também do CPC, que se caracteriza por "processos maniqueístas" e "simplificações analíticas gigantescas"; e, finalmente, o tropicalismo "chacriniano, dercinesco e neorromântico", cujos "principais teóricos e práticos não foram até o momento capazes de equacionar com mínima precisão as metas deste modismo".

* * *

A grande controvérsia criada em torno da estreia da *Feira* – originalmente prevista para o dia 6 de junho, uma quinta-feira, na sala Gil Vicente do Teatro Ruth Escobar – foi mais um episódio marcante do crescente endurecimento da intervenção da censura no teatro e, em contrapartida, do alinhamento da classe teatral na luta em defesa das liberdades democráticas e do exercício pleno de seu ofício. As relações com o governo militar haviam começado a deteriorar-se já no ano anterior, quando o Ministério da Justiça, ao qual a Polícia Federal e seu Departamento de Censura eram vinculados, tomou a decisão de centralizar em Brasília todas as decisões relativas à censura, antes atribuídas aos departamentos estaduais do órgão. Essa centralização demonstrava a clara intenção de reprimir com mão de ferro a "pornografia" e a "subversão" que, no sábio entendimento artístico dos homens de farda, conspiravam contra os bons costumes da família brasileira e a democracia. A distância entre a capital federal e os centros produtores de dramaturgia, principalmente o eixo São Paulo-Rio de Janeiro, num tempo em que as comunicações, ainda na fase analógica, eram precárias se comparadas com as de hoje, era um excelente pretexto para dificultar e criar obstáculos procrastinatórios ao processo de decisão relativo aos pedidos obrigatórios de liberação de espetáculos. Era uma maneira de tentar vencer os artistas "rebeldes" pelo cansaço. Foi o que aconteceu com a *Feira*.

Diante das evidências de que a censura não tinha a menor intenção de liberar o espetáculo dentro do prazo que lhe cabia, o que impediria que a estreia ocorresse na data marcada, a atriz Cacilda Becker, então presidente do Conselho Literário da Comissão Estadual de Teatro de São Paulo, enviou carta ao chefe do Departamento de Polícia Federal, general José Bretas Cupertino, solicitando o cumprimento dos prazos legais e a liberação do espetáculo sem cortes. Para tanto, desenvolveu uma ampla e minuciosa argumentação que começava por historiar a trajetória de "notáveis contribuições do Teatro de Arena [...] no terreno da interpretação, da encenação e sobretudo da dramaturgia", para prosseguir expondo os motivos que levaram o Teatro de Arena a conceber o polêmico espetáculo:

> Depois de tantos anos de renovação contínua, decidiu-se o Teatro de Arena a inventariar todas as atuais tendências de nossa arte, principalmente no nosso estado de São Paulo. E, para isso, convidou todas as mais prestigiosas figuras de teatro, artes plásticas, fotografia, música e cinema para que apresentassem suas opiniões, livremente, sobre qualquer aspecto do Brasil de hoje. Esse espetáculo, tão democraticamente concebido, chama-se *1ª Feira Paulista de Opinião: que pensa você do Brasil de hoje?*, e conta já com participações de mais de 70 artistas radicados em São Paulo.

Após mencionar cada um dos artistas que apoiavam o projeto e os que faziam parte da montagem da *Feira*, Cacilda Becker pondera:

> Julgou mais ainda esta Comissão, e julgo eu própria, ser absolutamente indispensável que este espetáculo não sofra restrições de espécie alguma (cortes, por exemplo) dado que sua verdadeira proposta é de, dentro dos mais elevados padrões de democracia, assegurar a todos os artistas convidados a inteira liberdade de manifestar livremente seus pensamentos. [...] O corte, por mais simples que seja, mutilará o caráter democrático da mostra [...] Estou certa de poder contar com a sensibilidade e a inteligência lúcida de V. Excia, a quem a arte e a cultura paulistas muito ficarão a dever. Encareço apenas a necessária urgência na tramitação legal, dado que a companhia em questão necessita estrear prontamente.

A "sensibilidade" e "inteligência lúcida" do general Cupertino não foram suficientes para agilizar o processo, e, no dia 6, data programada para a estreia, o Departamento de Censura permanecia mudo. No dia seguinte, pela manhã, a produção da *Feira* recebeu de Brasília o texto com os cortes feitos pelos censores federais. Às 19h45 chegou ao teatro uma equipe de agentes federais com a missão de verificar se no "ensaio" do espetáculo que seria feito naquela noite os cortes seriam obedecidos.

Pouco depois das 21 horas, antes de se abrirem as cortinas, Cacilda Becker surgiu no proscênio da sala Gil Vicente ladeada por Maria Della Costa e Ruth Escobar. As cortinas então se abriram, mostrando o palco tomado por todo o elenco da *Feira* e vários outros artistas. Cacilda tomou a palavra:

> A representação na íntegra da *1ª Feira Paulista de Opinião* é um ato de rebeldia e de desobediência civil. Trata-se de um protesto definitivo dos homens livres de teatro contra a censura em Brasília, que fez 71 cortes nas seis peças. Não aceitamos mais a censura centralizada que tolhe nossas ações e impede nosso trabalho. Conclamamos o povo a defender a liberdade de expressão artística e queremos que sejam de imediato postas em prática as novas determinações do Grupo de Trabalho nomeado pelo ministro Gama e Silva para rever a legislação da censura. Não aceitando mais o adiamento governamental, arcaremos com a responsabilidade desse ato, que é legítimo e honroso. O espetáculo vai começar.

No dia seguinte, 8 de junho, a Polícia Federal decreta a proibição da *Feira*, e a polícia estadual ocupa o teatro, no qual, na sala maior, Galpão, *Roda viva* continuou se apresentando normalmente. O elenco da *Feira* desloca-se para o Teatro Maria Della Costa, a menos de um quilômetro de distância, onde estava em cartaz *A volta ao lar*, de Harold Pinter, produzida e interpretada por Fernanda Montenegro, com produção e direção de Fernando Torres. Num ato de apoio e solidariedade que se repetiria em outros teatros e espetáculos, Fernando e Fernanda abriram espaço para que a equipe da *Feira* informasse o público sobre a censura e apresentasse um pedaço da peça.

Na terça-feira da semana seguinte, dia 11, os artistas da *Feira* têm mais uma reunião com o ministro da Justiça. À noite, enquanto o espetáculo é representado à revelia da censura no belo Teatro Municipal de Santo André, a classe teatral reúne-se em assembleia para discutir a situação. Mas nenhuma decisão sobre a censura é tomada, porque outro assunto entra à última hora na pauta da reunião: a proposta apresentada por Walmor Chagas, e imediatamente aprovada pela maioria, de que todos os artistas contemplados desde sempre com o Prêmio Saci, conferido pelo *Estadão*, devolvessem os troféus como protesto contra o editorial publicado naquele dia pelo jornal com pesadas críticas à "imoralidade" de espetáculos teatrais.

Finalmente, no dia 12 de junho, quarta-feira, o juiz federal Américo Lacombe, da 7ª Vara da Justiça Federal em São Paulo, concede liminar a mandado de segurança impetrado pelos advogados da *Feira*, e o espetáculo faz, naquele mesmo dia, sua estreia "oficial", no Teatro Ruth Escobar. Em seu despacho o juiz Lacombe afirma: "não se pode conceber que os direitos individuais sejam prejudicados pela irresponsabilidade e malícia da administração, que violou exageradamente o prazo de manifestação que lhe é dado pelo art. 45 do decreto nº 20.493".

Em seu livro autobiográfico *Hamlet e o filho do padeiro* (Record, 2000), Augusto Boal relata, com cores fortes, episódios da saga de *1ª Feira Paulista de Opinião* e outros choques de artistas com a censura e a repressão policial naqueles dias sombrios de meados de 1968.

* * *

Apesar de ter se firmado como um marco político relevante na memória da resistência à ditadura em 1968, *1ª Feira Paulista de Opinião* não logrou se tornar sucesso de crítica, sendo tratada com muitas reservas por profissionais da área. Exemplo disso é a crítica de Paulo Mendonça publicada na *Folha de S.Paulo* em 23 de junho:

Foi tamanha a onda que se fez em torno dessa *1ª Feira Paulista de Opinião* que se esperava dela o mundo e mais o fundo [...] A própria ideia inicial da

Feira não deu muito certo. Em vez da pretendida variedade de depoimentos, o que se tem, com exceção das peças de Guarnieri e de Jorge Andrade, é uma dispersividade de palpites mais ou menos afoitos, engraçados alguns, como os de Lauro César Muniz e Bráulio Pedroso [...] Em termos gerais, o que se pode dizer dessa iniciativa, que tinha condições para produzir um levantamento válido e importante do quadro nacional, é que resultou num anticlímax desapontador. A imagem global é desconjuntada, não por ser composta de numerosos elementos, mas porque os desníveis de qualidade são grandes demais e porque a maioria dos textos não resiste a uma crítica um pouquinho mais exigente.

Opinião bem diversa tinha Anatol Rosenfeld, o respeitado pensador e crítico de teatro alemão radicado no Brasil (texto na íntegra nos Anexos):

No seu todo, a "peça" composta por seis peças enriquece o teatro brasileiro pela originalidade de sua proposição geral de "feira de opinião", pelo arrojo com que reúne e funde, num só espetáculo, autores tão diversos, assim como pelas possibilidades que abre à imaginação cênica dos diretores. Isso para não falar dos elementos musicais, em parte excedentes, que acrescentam novas dimensões ao espetáculo (o que demonstra a dificuldade de abordar um texto teatral como este apenas a partir do ponto de vista literário). A unidade do espetáculo, apesar da variedade das tendências e perspectivas, decorre da visão crítica da realidade.

A mancada do Saci

Não bastassem as peripécias da censura, no atribulado mês de junho de 1968 o *Estadão* adicionou um cravo à coroa de espinhos que atormentava a gente do teatro. No momento em que algumas peças provocavam muita polêmica, mas eram consideradas, até pelos críticos daquele jornal, marcos importantes de uma nova dramaturgia brasileira – *O rei da vela, Roda viva, 1ª Feira Paulista de Opinião* –, em editorial publicado no dia 11, sem mencionar nenhum espetáculo em particular, o jornal paulista desce o sarrafo na "imoralidade" presente em espetáculos teatrais, chegando ao ponto de defender a censura: um primor de manifestação preconceituosa, conservadora e reacionária.

> Não compreendemos como possa haver artistas realmente dignos desse nome que, dotados de faculdades, de sensibilidade, de psicologia normais e, portanto, equilibradas, não trepidem em defender a livre representação, perante públicos irrestritos, de obras dessa baixa categoria. Não compreendemos, sobretudo, que certos autores tenham a desfaçatez de defender não só como obra de arte, mas também como obras de pensamento, o que muitas vezes não passa de mera catalogação pornográfica.

Só faltou explicar quem é que obrigava a burguesia paulista, público então ainda majoritário no teatro, a cometer o pecado mortal de pagar para ver pornografia.

Em seguida, a tenebrosa conclusão:

> Como é inegável a influência do teatro não só na educação artística do povo, mas também no aprimoramento dos seus costumes, deve-se concluir igualmente que o mau teatro exerce função negativa, e demolidora mesmo, em ambos domínios. Assim, tanto quanto é desejável o estímulo, pelos poderes públicos, das atividades teatrais dignas desse nome, é indispensável que os mesmos poderes públicos não hesitem na adoção de medidas contra os que, movimentados por torpes intenções, por aí vivem a deturpar e a envilecer a nobre arte.

Aí, sim, estava claramente explicado: é à censura, brilhantemente personificada por um general façanhudo, que cabe decidir o que são "atividades teatrais dignas desse nome".

Soava um tanto incomum, estranho mesmo, que o *Estadão* estivesse preocupado com o mal que o teatro poderia causar ao "povo". De resto, a dar crédito às afirmações de que era "inegável a influência do teatro" tanto na "educação artística" quanto no "aprimoramento" dos costumes do tal "povo", não haveria motivos para que artistas de esquerda vivessem frustrados e inconformados com as enormes dificuldades para cumprir a meta de "levar o teatro ao povo". E era totalmente incoerente que um pilar da democracia liberal como o *Estadão* preconizasse a supressão, pelo arbítrio, da liberdade de criação artística, por mais que, a seu critério, o teatro de que se tratava não fosse "digno desse nome".

Havia mais de 15 anos que o jornal patrocinava, com absoluta isenção sobre os critérios de julgamento, a atribuição de prêmios aos melhores do cinema e teatro. Além disso, seria impossível compatibilizar o comportamento profissional de sua competente equipe de críticos e profissionais de teatro – Décio de Almeida Prado, Sábato Magaldi e Delmiro Gonçalves, além de, até pouco antes, Bráulio Pedroso – com as preconceituosas manifestações de intolerância contidas no editorial. No documento em que anunciaram seu protesto, aliás, os artistas fizeram questão de ressalvar a posição dos críticos e dos repórteres e redatores do *Estadão* envolvidos com a cobertura de cinema e teatro.

Diante disso, torna-se verossímil a versão então corrente dentro da redação do jornal – na qual este escriba então trabalhava – de que o indigitado editorial fora escrito por influência do governo de Brasília, por intermédio do ministro da Justiça, Gama e Silva, que até aquele momento mantinha boas relações com a direção do periódico. Naqueles dias, o ministro vinha sofrendo forte pressão de artistas de modo geral e de intelectuais renomados para determinar urgência nos trabalhos da comissão especial que nomeara para rever a legislação relativa à censura teatral. No mesmo dia em que o editorial foi publicado, tivera mais uma reunião com uma comissão do teatro, presidida por Cacilda Becker.

O pretexto para a nota editorial que provocou a justificada ira da gente do teatro fora o discurso feito dias antes na Assembleia Legislativa paulista pelo deputado Aurélio Campos, da Arena, partido do governo. Chocado com a "imoralidade" do espetáculo teatral que acabara de assistir, o parlamentar – que se tornara famoso, na televisão, como apresentador do programa *O céu é o limite* – fizera da tribuna um pronunciamento desimportante, a julgar pelo fato de que passara praticamente despercebido na mídia e não merecera nem mesmo citação de relevo no noticiário do próprio *Estadão*.

Depois de aprovarem, em assembleia realizada no mesmo dia em que o editorial foi publicado, a sugestão de que todos os artistas que haviam recebido o Saci devolvessem o troféu ao jornal, a comissão organizadora do protesto anunciou para a quinta-feira seguinte, 20 de junho, uma manifestação de protesto diante do *Estadão*, quando seria feita a entrega simbólica de um troféu. Os demais seriam devolvidos posteriormente, de uma só vez, quando fossem todos coletados. O jornal da família Mesquita estava instalado, naquela época, na esquina das ruas Major Quedinho e Martins Fontes, onde se reuniram, sob forte chuva, no dia aprazado, dezenas de artistas de São Paulo e do Rio de Janeiro, mais alguns representantes de entidades culturais, estudantis e sindicais. A presença de algumas celebridades atraiu um "grande grupo de curiosos", de acordo com reportagem da *Folha de S.Paulo* publicada no dia seguinte. O ato durou cerca de 15 minutos, tempo suficiente para um vibrante pronunciamento do então presidente da União Estadual dos Estudantes (UEE), José Dirceu de Oliveira e Silva.

De acordo com a *Folha*, devolveram seus Sacis os seguintes autores, diretores, atores, atrizes e outros profissionais do teatro e cinema: Cacilda Becker, Joaquim Pedro, Walmor Chagas, Odete Lara, Fauzi Arap, Gustavo Dahl, Ruy Guerra, Sérgio Mamberti, Lélia Abramo, Maria Della Costa, Luiz Carlos Barreto, José Rosa, Augusto Boal, Paulo José, Raul Cortez, José Celso Martinez Corrêa, Gianfrancesco Guarnieri, Jorge Andrade, Flávio Império, Lima Duarte, Dionísio Azevedo, Eugênio Kusnet, Liana Duval, Etty Fraser, Ademar Guerra e Berta Zemel, mais duas pessoas jurídicas: Teatro Oficina e Teatro Maria Della Costa.

Na véspera da manifestação na porta do jornal, o principal crítico de teatro do *Estadão*, Décio de Almeida Prado, publicara artigo sob o título "Censura teatral e o *Estado*", no qual, logo de início, deixava clara sua opinião sobre a censura:

A censura, por ser desempenhada geralmente com pouquíssimo conhecimento do que seja arte, jamais funcionou a contento. Agora então, federalizada, centralizada em Brasília, a alguns mil quilômetros dos centros teatrais, num país de comunicações difíceis e custosas como o nosso, emperrou de uma vez. A lei estabelece um prazo para que cada original seja julgado, verificando-se a interdição ou liberação. Mas a censura, por má vontade, descaso ou formalismo burocrático, raramente obedece a esses prazos. Tergiversa, adia, promete e não cumpre, libera oralmente e proíbe por escrito, só comunicando as suas decisões aos interessados tardiamente, quando o espetáculo está montado e as despesas feitas.

Mais adiante, depois de fazer reparos à decisão dos artistas de devolver o Saci, Almeida Prado argumenta:

Só assim, por um revolucionarismo teatral e romântico, é que me explico, na falta de explicação melhor, a dramática resolução da classe teatral de devolver os Sacis distribuídos por este jornal. O ponto de partida, o pretexto, foi um editorial do *Estado* julgado injusto e mesmo ofensivo em seus termos. Muito bem. Mas razões respondem-se com razões, palavras com palavras. Pelo menos parece ser essa a famosa teoria do diálogo, tão decantada por suas virtudes democráticas. Não vejo em que auxilie a solução do problema da censura o fato de se cortar o contado com todos que pensam diferentemente, nem de que modo o nosso teatro, ainda tão incipiente, possa dispensar o auxílio de qualquer órgão de imprensa. Auxílio que este jornal, posso testemunhar, foi sempre generoso em conceder.

E conclui:

Toda essa atenção especial dedicada ao teatro foi esquecida, jogada fora, através de um gesto de desafio que só pode significar – se é que tem algum sentido que não seja o de um simples desabafo emocional – um rompimento definitivo. A classe teatral, ao fazê-lo, teve a gentileza de ressalvar o meu nome. Agradeço, mas não aceito a exclusão. As ideias que tenho e porventura possa vir a ter sobre a censura ou sobre o teatro paulista em nada se alterarão com o incidente. Mas não quero me omitir em assunto de tal delicadeza. No dia em que os atores e autores depositarem os seus Sacis à porta deste jornal, aproveitarei a oportunidade para depositar também a minha função de crítico de teatro. Se não querem saber de nós, o que é que podemos fazer?

E assim todos acabaram perdendo. Perdeu o *Estadão*, porque o Saci tinha um papel importante na promoção de sua imagem corporativa. Perdeu o teatro paulista – e, por extensão, o brasileiro –, sempre tão carente de apoio e estímulo. Perdeu, enfim, o sempre claudicante desenvolvimento cultural e artístico do país.

Há quem pondere que, apesar da forte carga emocional e de voluntarismo que no calor da luta marcou esse triste episódio, a gente do Teatro pode ter com ele objetivamente conquistado, pelo menos, o mérito de marcar uma posição clara e corajosa de repúdio a um importante e poderoso órgão da imprensa que àquela altura, apesar de sustentar um discurso liberal, prestava-se, sem constrangimento, a desempenhar o papel de agente da ditadura civil-militar, com a qual se mantinha solidamente alinhado. A ironia dessa história é que, poucos anos depois de ter defendido a censura em editorial, o *Estadão* viu-se, então fortemente constrangido, obrigado a conviver com censores – não de espetáculos teatrais, mas de notícias e opiniões – em sua própria redação. Teve, então, o mérito de reagir com dignidade, escancarando seu protesto contra o atentado à liberdade de que era vítima com a irreverente substituição dos textos censurados por trechos de *Os Lusíadas*, de Camões.

O argumento da porrada

Até maio de 1968, a repressão da ditadura à "subversão da ordem" – ou à "imoralidade" – levada aos palcos no âmbito do movimento de resistência democrática limitava-se quase exclusivamente à manipulação da censura, responsabilidade do Departamento de Polícia Federal (DPF), teoricamente subordinado ao Ministério da Justiça. O ministro Gama e Silva assistia e aplaudia peças de teatro – como a polêmica *Navalha na carne*, de Plínio Marcos –, elogiava publicamente atrizes como Tônia Carrero e Odete Lara e recebia comissões de artistas que defendiam a liberdade de expressão artística. Ao mesmo tempo, para manter sob pressão permanente a gente do teatro, os censores oficiais usavam todos os artifícios, principalmente o de não cumprir prazos legais e, com isso, provocar insegurança e enormes prejuízos às produções. Na melhor das hipóteses, os artistas nunca sabiam quando poderiam finalmente estrear seus espetáculos. E os textos, quando liberados, vinham com cortes que geralmente os desfiguravam. Na pior hipótese, tinham a encenação pura e simplesmente proibida.

Naquele momento, contudo, a manipulação da censura começava a parecer à linha dura do regime militar insuficiente para "conter os abusos". A Constituição de 1967 fora imposta ao Congresso Nacional para institucionalizar o golpe de 1964, incorporando todos os atos institucionais e adicionais promulgados nos três anos anteriores. Mas, menos de um ano depois, já não satisfazia à extrema direita, que forçava uma queda de braço com o que definia como bonomia do general-presidente. Foi quando entrou em ação a *mão do gato*, acionada para dar lições exemplares, na base da "porrada", a todo e qualquer vivente, principalmente artistas e estudantes que ousassem desafiar a "Revolução de 1964". O mais famoso desses grupos de facínoras travestidos de guardiões dos "valores revolucionários" respondia pelo nome de Comando de Caça aos Comunistas, CCC para os íntimos.

Depoimentos disponíveis na mídia eletrônica, colhidos nos últimos anos de várias fontes, inclusive de antigos membros daquele grupo paramilitar, dão conta de que o CCC foi concebido nos quartéis das Forças Armadas antes mesmo de 1964, como força auxiliar informal e subterrânea destinada a cumprir missões de ataque a alvos identificados como "subversivos". Os facínoras que integravam os "comandos" constituíam grupos heterogêneos: militares obviamente à paisana, geralmente no comando das ações, policiais e civis, estes quase sempre jovens valentões de classe média ligados a políticos e/ou movimentos de extrema direita.

O *site* Memorial da Democracia, mantido pelo Instituto Lula, revela que em 1968, "segundo depoimento de um dos participantes, coronel Helvécio da Silveira Leite, o grupo tomou a decisão de intensificar suas ações numa reunião realizada no Centro de Informações do Exército (CIE)". Em seguida, explica o coronel: "Resolvemos agir contra a esquerda. Definimos qual o campo mais fraco e decidimos que era o setor de teatro".

Depois de muitas ameaças, por telefone e por escrito, aos dois elencos que estavam em cartaz no Teatro Ruth Escobar – *1ª Feira Paulista de Opinião* e *Roda viva* –, na noite de 18 de julho um desses grupos, aos berros de "somos o CCC", fez uma visita ao Teatro Ruth Escobar. Armados de revólveres, porretes, socos-ingleses e marretas, os facínoras perpetraram um violento e covarde ataque ao elenco e à equipe técnica de *Roda viva*, espancando quem aparecia pela frente e destruindo equipamento técnico, poltronas da plateia e tudo o mais que estivesse a seu alcance.

O ator Sérgio Mamberti mora até hoje na Bela Vista – endereço de personagens ilustres –, vizinho do Teatro Ruth Escobar. Naquela noite fatídica ele acabara de chegar do Teatro Oficina, onde atuava em *Navalha na carne*, de Plínio Marcos, e conta o que viu:

> Eu gostava de assistir o fim do espetáculo, mas, naquela noite, atrasei. Ao dirigir-me ao teatro cruzei com os espectadores que estavam saindo, todo mundo muito tranquilo, porque a pancadaria só começara depois de o público ter deixado o teatro. É bom lembrar que já haviam ocorrido, digamos, algumas tentativas de protesto, inclusive contra a *Feira Paulista de Opinião*, que era levada na sala Gil Vicente. Só quando entrei no Galpão, a plateia vazia, é que me dei conta da gravidade do ocorrido. A plateia estava completamente destruída, com as poltronas de madeira arrancadas, destroçadas e empilhadas. E ainda tiveram o requinte de jogar por cima a espuma dos extintores de incêndio. Todo o material cênico e os equipamentos técnicos de luz e som estavam igualmente destruídos. Deparei-me com o diretor de cena, José Luiz, deitado no chão com a bacia fraturada pela agressão covarde de que tinha sido vítima. Subi então em direção aos camarins. Na escada cruzei com a mulher do Pereio, Jura Otero, que fazia parte do elenco, com um enorme vergão nas costas provocado por golpes de cassetete. Ela e os demais atores e atrizes foram agredidos dentro dos camarins, quando trocavam de roupa. Assustados e perplexos, todos tentavam entender o que havia ocorrido numa

ação relâmpago que durou cerca de três minutos. Naquele instante todos os agressores já haviam fugido.

Mamberti prossegue:

Perguntei pela Marília Pêra e o Rodrigo Santiago, os dois protagonistas do espetáculo, mas ninguém sabia informar direito o que havia acontecido com eles. Algumas pessoas afirmavam terem visto os dois, nus, serem arrastados pelos cabelos para fora do teatro e largados na rua. Acabei encontrando a Marília, que levei para o camarim para que se vestisse e em seguida levei-a para a minha casa. No caminho, deparamo-nos com o Rodrigo dentro de um carro. Chamou por mim: "Serginho! Serginho!". Estava coberto com um paletó que lhe fora oferecido pela família que o socorrera. Levei-o também para minha casa. Fato curioso aconteceu com minha cunhada Valquíria[8]. Ela teve a presença de espírito de pedir aos agressores: "Por favor, não batam em mim porque estou grávida". Um deles, revelando um mínimo de humanidade, abraçou-a e impediu que fosse agredida.

Segundo o ator, nos veículos de comunicação a solidariedade à gente do teatro foi geral e imediata:

Logo em seguida ao atentado, a notícia correu rapidamente, principalmente na classe teatral, e começamos a nos organizar para denunciar a barbaridade. Por exemplo, o Carlos Imperial tinha um programa de fim de noite, ao vivo, na TV Tupi. Corremos para lá, assim como para programas de rádio acessíveis àquela hora. Na verdade a gente já vinha se preocupando havia algum tempo com as ameaças, principalmente do CCC. Lá no Oficina, onde encenávamos o *Navalha*, havia chegado dias antes uma carta anônima com uma ameaça de morte pelo fato de estarmos "conspurcando a imagem da família brasileira".

Sérgio Mamberti conclui:

---

8. Esposa de Cláudio Mamberti.

> Depois do ataque a *Roda viva*, que teve ampla repercussão popular, decidimos que deveríamos reforçar um esquema de segurança para os espetáculos mais ameaçados. Já contávamos, pelo menos teoricamente, com proteção policial, mas não confiávamos muito nisso. Passamos então a apelar ao movimento estudantil, que tinha uma participação ativa na resistência democrática, para que nos ajudassem. Durante algum tempo, vários espetáculos passaram a contar com a vigilância de militantes do movimento estudantil, infiltrados na plateia ou escondidos nas coxias, para nos proteger de eventuais novos ataques. Fizemos um apelo também à população de modo geral, para que comparecessem aos espetáculos em massa, em clara manifestação de apoio à gente do teatro. Durante cerca de um mês várias salas permaneceram quase lotadas.

Cinquenta anos depois, Sérgio Mamberti ainda se emociona, às lágrimas, quando rememora o ato de selvageria que testemunhou, para sorte sua, minutos após ter ocorrido.

Essa barbaridade não saciou a gana terrorista do CCC. Muitos outros atentados praticados por essa e outras organizações clandestinas de direita ocorreram ao longo de 1968. Ainda em julho, no Rio de Janeiro, o Teatro Maison de France, que encenava *O burguês fidalgo*, do conhecido comunista francês Molière, foi alvo de ataque, exatamente como ocorreria dias depois, 5 de agosto, no Teatro Glaucio Gill, que encenava *Juventude em crise*. Em 4 de outubro, no dia seguinte à estreia de *Roda viva* em Porto Alegre, quando o elenco retornava ao hotel, foi cercado pelo CCC, que sequestrou por algumas horas os dois protagonistas da peça, Elizabeth Gasper e Zelão. Ainda em outubro, o CCC sequestrou em São Paulo a atriz Norma Bengell e entregou-a, no Rio de Janeiro, ao 1º Batalhão Policial, onde foi interrogada, segundo o Memorial da Democracia, pelo já mencionado coronel Helvécio, então chefe de gabinete do ministro do Exército. Ainda no Rio, em 2 de dezembro o Teatro Opinião, onde o compositor e cantor Geraldo Vandré se apresentava com um espetáculo musical, *Pra não dizer que não falei das flores*, foi alvo de um atentado a bomba.

Voltando a *Roda viva*, que o CCC transformou num dos símbolos mais importantes da luta contra a ditadura, o fato de ter sido levada aos palcos sob a direção de José Celso Martinez Corrêa resultou em que a peça costume ser confundida como produção do Teatro Oficina. Na verdade, foi produzida fora do grupo. No Rio, onde estreou no Teatro Princesa Isabel, em 17 de janeiro, encarregou-se de produzir o espetáculo o próprio Chico Buarque de Hollanda, também autor do texto original e da belíssima música que lhe dá título. Em São Paulo, onde a estreia ocorreu em 17 de maio, sempre com direção de José Celso, a produção foi de Ruth Escobar.

José Celso assumiu a direção de *Roda viva* a convite de Chico Buarque, então um jovem compositor que fazia enorme sucesso com suas músicas e se lançava numa primeira incursão como dramaturgo. Não era, entretanto, seu primeiro trabalho no teatro, pois já havia musicado a encenação de *Morte e vida severina*, de João Cabral de Melo Neto. José Celso, por sua vez, desfrutava naquele momento do enorme e merecido prestígio decorrente do estrondoso sucesso de sua encenação de *O rei da vela*, de Oswald de Andrade, que estreara em setembro do ano anterior em São Paulo e naquele momento estava em cartaz no Rio, no Teatro João Caetano. *Roda viva*, como seu autor explicou muitas vezes, é uma alegoria sobre o devastador poder da indústria cultural de transformar a arte em produto de consumo a qualquer preço e acima de qualquer outro valor, num processo desumano de subversão de valores que tende a exaurir a criatividade do artista. Chico sempre negou intenções autobiográficas, sustentando que o argumento desenvolvido no texto é aquele explícito na letra da canção-título: "A gente quer ter voz ativa/ no nosso destino mandar/ mas eis que chega a roda viva/ e carrega o destino pra lá".

Além ou sobretudo graças à enorme popularidade de que Chico Buarque já desfrutava, principalmente entre os jovens, *Roda viva* se transformou rapidamente em grande sucesso de público, tanto no Rio quanto em São Paulo. Mas o que transformou essa peça em mais um marco importante do teatro brasileiro foi a encenação polêmica, ousada, agressiva e também de enorme beleza – com destaque para a cenografia de Flávio Império – realizada por José Celso. *Roda viva* transformou-se desde logo, como já havia acontecido com *O rei da vela*, em exuberante manifestação do tropicalismo na vertente teatral do movimento artístico de vanguarda, então consolidado, por exemplo, nas artes plásticas, no cinema e na música.

Em *Roda viva*, a inexperiência do jovem Chico Buarque não permitiu que como texto de dramaturgia sua peça de estreia fosse considerada, pela crítica, mais do que "uma realização ingênua", na opinião manifestada, por exemplo, por Yan Michalski em seu livro *O teatro sob pressão*. Foi o gênio tresloucado de José Celso que transformou a "ingenuidade" de Chico em instrumento para, como imaginava, despertar o público, na marra, de sua apatia diante dos novos rumos que o chamado pensamento de vanguarda preconizava para o Brasil e o mundo.

Anatol Rosenfeld analisou com alguma indulgência e chamou de "ira recalcada" esse estado de espírito transposto para o palco nas encenações do líder do Teatro Oficina:

> Não se pode deixar de notar o senso de justiça e o *páthos* de sinceridade que se manifestam muitas vezes na irrupção dessa ira vomitando visões obscenas, blasfemas e asquerosas [...] Quando a tensão entre as metas e a realidade, entre a verdade e a retórica, entre a necessidade de transformações e a manutenção do *status quo*, entre a urgência da ação e o conformismo geral se torna demasiadamente dolorosa, é inevitável a ira recalcada: a violência das manifestações artísticas.

Porém, preocupava-se o pensador e crítico teatral teuto-brasileiro com o potencial irracional da violência no teatro:

> Na medida em que é concebido apenas como explosão de ira recalcada, sem ser posta a serviço da comunicação estética, incisiva e vigorosa, de valores positivos ou negativos, valores em conflito, pois a mera provocação, por si mesma, é sinal de impotência, é descarga gratuita e, sendo apenas descarga que se comunica ao público, chega a aliviá-lo no seu conformismo.

Assim, a introdução, que atingiu seu auge em 1968, da "ira recalcada" na produção teatral politicamente engajada – compartilhada, com menos agressividade mas igual radicalismo, por Augusto Boal e o Arena – acabou por produzir uma explosiva relação de causa e efeito entre a gente do teatro e a repressão policial-militar. Era porrada pra todo lado.

Maria Antônia e Ibiúna

Em outubro, o movimento estudantil voltou ao proscênio da resistência democrática com dois episódios, no mínimo, bizarros: a "Batalha da Maria Antônia" e o malogrado congresso da União Nacional dos Estudantes (UNE). No primeiro, o Comando de Caça aos Comunistas (CCC) e organizações direitistas congêneres manipularam abertamente a imaturidade por detrás da rivalidade entre jovens estudantes de "esquerda" e "direita" e escancararam a conivência da ditadura com a ação terrorista clandestina de bandos de facínoras de extrema direita que alegavam "defender os princípios da Revolução de 31 de março". A desastrada realização do congresso da UNE, que acabou antes de começar porque praticamente todos os participantes foram presos *in loco,* revelou a que ponto chegava o voluntarismo irresponsável de uma liderança capaz de imaginar que seria possível realizar um congresso clandestino com mais de mil participantes.

Num ano em que a inquietação e a revolta dos jovens diante dos rumos que estava tomando um mundo em transformação explodiram nas manifestações de maio em Paris, no Brasil o movimento estudantil era forçado a lutar por condições mínimas – a mais importante delas, a liberdade – antes de poder sonhar com um mundo melhor. Apesar, contudo, de predominar no *páthos* das manifestações estudantis o que se poderia definir como influência da esquerda – o que não significa que democratas liberais não se opusessem também à ditadura –, era natural que não fosse unânime a oposição ao governo que proclamava a defesa da democracia ao mesmo tempo que praticava a destruição de seus fundamentos.

A existência de uma ativa facção de direita no movimento estudantil, com ramificação em grupos paramilitares, como o CCC, revelou-se claramente nos dias 2 e 3 de outubro, com a Batalha da Maria Antônia, que colocou em violento confronto estudantes da Faculdade de Filosofia, Ciências e Letras da USP e da Universidade Presbiteriana Mackenzie, resultando na morte de um secundarista menor de idade atingido por um tiro na cabeça.

As duas escolas eram vizinhas – não o são mais desde então porque a USP transferiu sua Faculdade de Filosofia para o *campus* da Cidade Universitária –, cada uma de um lado da rua Maria Antônia, no centro da São Paulo. O Mackenzie, instituição privada de ensino cuja clientela era, e ainda é, de origem predominantemente de classe média alta para cima, era um ambiente certamente propício a repudiar a "ameaça comunista" que justificara o golpe militar de 1964. Por outro lado, na USP, cuja Faculdade de Filosofia era um renomado reduto do pensamento progressista, os centros acadêmicos estudantis sempre foram majoritariamente dominados pela militância de partidos políticos da esquerda radical. Já havia algum tempo que o grêmio estudantil da Filosofia transformara o prédio em ponto de reunião e discussão de questões de política, até mesmo estudantil. Por conta disso, ali já haviam ocorrido agressões e tentativas de depredação por parte dos mackenzistas. A relação entre os estudantes das duas instituições nunca havia sido, portanto, exatamente amistosa. Mas a "batalha" de outubro de 1968 foi deflagrada, na verdade, por um incidente banal.

Desde setembro a UNE vinha tentando organizar, "secretamente" conforme imaginava seu comando, seu congresso anual, que se realizaria até o fim do mês, cuja pauta incluía a eleição da nova diretoria. Com o objetivo de "levantar fundos" para a organização do encontro, os estudantes da Faculdade de Filosofia tiveram a provocativa ideia de montar um pedágio na rua Maria Antônia. Provocativa porque, muito provavelmente, os jovens do outro lado da rua, se não todos, pelo menos os integrantes do CCC e demais grupos extremistas de direita, que faziam questão de mostrar que ali se sentiam "em casa", não aceitariam pacificamente a novidade. Não deu outra.

No dia 2, no meio da confusão provocada pela obstrução da rua para a cobrança de pedágio, alguém lançou um ovo contra o pessoal da USP. Em pouco tempo, paus, pedras, rojões, coquetéis Molotov cruzavam os ares enquanto os mais destemidos entravam em corpo a corpo no meio da rua, onde barricadas eram construídas em ambos os lados. Desde logo o "poder de fogo" dos mackenzistas, apoiados pelos grupos paramilitares, revelou-se muito mais destrutivo. Até porque, enquanto a fachada da Faculdade de Filosofia começava onde a calçada terminava, os prédios do Mackenzie, protegidos por grades no limite da calçada e situados em terreno mais elevado a alguns metros das grades, estavam mais bem protegidos.

No começo da tarde a reitora do Mackenzie, professora Esther de Figueiredo Ferraz, solicitou a presença de forças policiais para "proteger o patrimônio" na instituição. Com a chegada dos policiais militares algumas horas depois, o combate arrefeceu. Reunidos em assembleias, os estudantes de ambos os lados decidiram que, a partir de então, só voltariam a atacar se fossem atacados. Essa atitude era praticamente a única coisa sensata a fazer pelo pessoal da Filosofia, que resolveu adotar a estratégia de isolar os grupos paramilitares e propor aos demais mackenzistas uma "união contra a ditadura". No dia seguinte a já bastante danificada fachada da faculdade ostentava uma faixa: "CCC, MAC, FAC = Repressão. Filosofia e Mackenzie contra a Ditadura". Não funcionou. Um grupo do outro lado atravessou a rua e arrancou a faixa, reiniciando a pancadaria.

A PM voltou mais equipada, agora com metralhadoras, com ordens para acabar com o tumulto que, àquela altura, praticamente se limitava a ataques sucessivos contra o prédio da Filosofia, que foi invadido e depredado. No meio da tarde, um tiro aparentemente disparado de uma janela do Mackenzie atingiu mortalmente na cabeça o estudante secundarista José Guimarães, que fazia o 3º colegial numa escola estadual próxima e ajudava a turma da Filosofia municiando-a com pedras. Brandindo como uma bandeira a camisa ensanguentada do estudante morto, o presidente da UEE, José Dirceu, primeiro fez um discurso inflamado trepado na janela de uma antiga residência então existente bem na esquina da Maria Antônia com a rua Doutor Vila Nova, em seguida liderou uma passeata em direção ao largo de São Francisco, onde esperava contar com o apoio dos estudantes da Faculdade de Direito da USP. Pelo caminho ficaram muita quebradeira e três automóveis tombados e incendiados no meio da rua. No Mackenzie, a turma do CCC era recebida pela reitoria em comemoração à "vitória".

***

Alguns dias depois, novo vexame. A *Folha de S.Paulo* noticiou no dia 13 de outubro, domingo:

> Cerca de mil estudantes que participavam do Congresso da UNE, iniciado clandestinamente num sítio em Ibiúna, no sul do estado, foram presos ontem de manhã por soldados da Força Pública e policiais do Dops. Estes chegaram sem serem pressentidos e não encontraram resistência. Toda a liderança do movimento universitário foi presa: José Dirceu, presidente da UEE, Luís Travassos, presidente da UNE, Vladimir Palmeira, presidente da União Metropolitana de Estudantes, e Antônio Guilherme Ribeiro Ribas, presidente da União Paulista de Estudantes Secundários, entre outros.

A UNE tivera sua sede incendiada por grupos paramilitares já no primeiro dia da "Revolução" de 1964 e fora posta na ilegalidade logo em seguida pelo governo militar. Desde então os dirigentes da entidade resistiam bravamente, promovendo pequenas reuniões secretas, sempre em lugares diferentes, para decidir, entre outros assuntos, o processo sucessório de seu comando. Em 1968, com o fortalecimento da resistência democrática, especialmente no eixo Rio-São Paulo, decidiram os dirigentes da entidade – tendo à frente o presidente da UNE, Luís Travassos, comunista de linha chinesa – que era chegada a hora de confrontar a ditadura com a realização de um grande congresso nacional, com mais de mil participantes de todos os estados.

Como ficara demonstrado ao longo das manifestações estudantis que vinham agitando o Rio de Janeiro desde o início do ano, a partir do episódio do restaurante Calabouço, em que a polícia assassinara a tiros o jovem secundarista Edson Luís, a cúpula do movimento estudantil estava dividida em pelo menos duas facções principais: uma liderada por Travassos, que pretendia eleger seu sucessor o então presidente do grêmio estudantil da Faculdade de Química da Universidade Federal do Rio de Janeiro, Jean Marc von der Weid, como ele militante da Ação Popular (AP). A oposição

José Dirceu, presidente da UEE, convoca os estudantes a participar do velório do estudante José Guimarães, assassinado com um tiro durante a Batalha da Maria Antônia, em 3 de outubro de 1968. Em sua mão, a camisa ensanguentada do jovem.

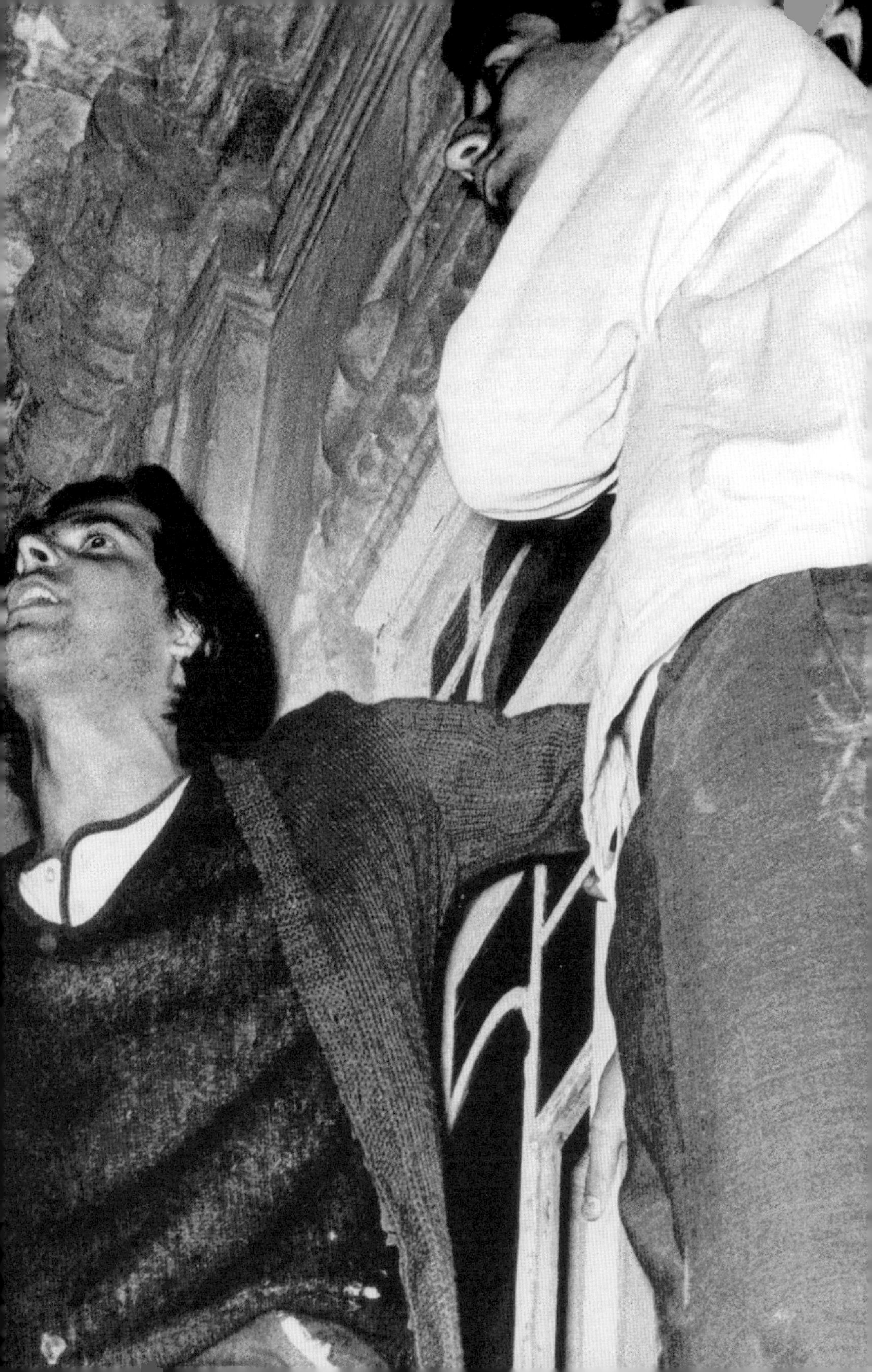

a Travassos era liderada pelo presidente da União Metropolitana de Estudantes do Rio de Janeiro (UME), Vladimir Palmeira, esquerdista moderado que apoiava para comandar a UNE o então presidente da União Estadual dos Estudantes de São Paulo (UEE), José Dirceu de Oliveira e Silva.

A José Dirceu, considerado eficiente organizador, fora atribuída a responsabilidade de coordenar o planejamento e a instalação do grande e desafiador evento que a UNE tinha pela frente: confrontar a ditadura com a realização – clandestina, pois a entidade já não mais existia oficialmente – de um congresso nacional com mais de mil participantes que se deslocariam de todos os estados da Federação até o local "secreto" onde se reuniriam para discutir a melhor estratégia de luta contra o regime militar e realizar a eleição da nova diretoria da entidade. Só mesmo a combinação de um irrefreável voluntarismo juvenil com a já então notória onipotência de José Dirceu poderia levar a imaginar que a empreitada tinha alguma possibilidade de êxito. Por esse motivo, não se pode desconsiderar a hipótese de que os dirigentes da UNE tenham decidido imolar-se no altar das causas justas, oferecendo ao povo brasileiro um sacrifício que a infalibilidade do determinismo histórico recompensaria mais adiante.

Como estava historicamente determinado, portanto, mais de um mês antes da realização do congresso, graças principalmente ao trabalho de agentes infiltrados no movimento estudantil, a inteligência militar dispunha de informações sobre a organização do evento, inclusive sobre onde ele ocorreria. Não bastasse isso, a invasão da pequena cidade de Ibiúna, nos dias anteriores ao congresso, por uma multidão de jovens barbudos em trânsito para o sítio em que se realizaria o encontro, ou cumprindo a missão de abastecer os companheiros com alimentos, remédios e outros gêneros de primeira necessidade, provocou natural curiosidade e espanto da população, além da compreensível e assustada euforia dos comerciantes. Verdadeira ou não, ficou célebre a história da encomenda feita a uma padaria de nada menos do que 200 pães de uma só vez...

O resultado de tanto voluntarismo e tamanha imprevidência foi que o congresso não chegou nem a ser formalmente instalado. A PM e o Dops cercaram os estudantes e seus líderes na manhã fria e chuvosa do sábado,

Chegada dos estudantes presos no Congresso da UNE em Ibiúna, que não chegou a ocorrer.

12 de outubro, deram alguns tiros para o ar para anunciar sua presença, colocaram as centenas de jovens em fila, escoltaram a turma por alguns quilômetros de uma estrada lamacenta até os ônibus e outras viaturas menores que os esperavam e partiram com destino ao Presídio Tiradentes, na capital.

Foi a última tentativa significativa do movimento estudantil de confrontar a ditadura civil-militar em 1968. Dois meses depois, os donos do poder decidiram trancafiar as liberdades democráticas no Ato Institucional nº 5. Rememoradas cinquenta anos depois, cenas do teatro da vida como essas protagonizadas pelos estudantes em 1968, se por um lado evidenciam os arroubos de generoso voluntarismo de uma juventude inconformada com o encarceramento de seus sonhos, por outro lado merecem, mais do que censura, admiração e respeito. Os jovens são o futuro de uma nação. Se esse futuro ninguém o constrói por eles, não se pode censurá-los por tomarem nas mãos o desafio.

Apesar de tudo...

O teatro político de Arena e Oficina, em São Paulo, e do Grupo Opinião no Rio de Janeiro, secundados por grupos de menor expressão em todo o país, protagonizou a cena teatral brasileira em 1968 na medida em que esses grupos tomaram a decisão corajosa de transformar ostensivamente o palco em trincheira da luta de resistência democrática contra a ditadura civil-militar e, em particular – até por uma questão de sobrevivência –, contra a escalada da censura. No entanto, embora esses grupos tenham, nessas condições, dominado na mídia e na memória histórica a excepcionalidade da cena teatral de 1968, a produção cênica brasileira daquele ano, apesar dos pesares, pode ser considerada normal quando quantitativa e qualitativamente comparada com à dos anos anteriores. As grandes companhias teatrais, comandadas pelas figuras mais célebres da arte cênica no país – Sandro Polloni/Maria Della Costa, Fernando Torres/Fernanda Montenegro, Cacilda Becker, Ruth Escobar, Paulo Autran, Nydia Licia, Paulo Goulart/Nicette Bruno e muitas outras –, cumpriram em 1968 uma extensa agenda de estreias que contemplaram tanto clássicos da dramaturgia internacional e nacional quanto espetáculos inéditos. Além disso, foram mantidas em cartaz 14 peças que haviam estreado em 1967 ou estavam sendo reexibidas.

O anuário de 1968 da Comissão Estadual de Teatro da Secretaria da Educação e Cultura do Estado de São Paulo, então presidida por Cacilda Becker, informa que naquele ano, apenas na categoria "teatro profissional", estrearam em São Paulo 47 espetáculos, mais de 90% na capital. No ano anterior haviam sido 51.

Para que se tenha uma noção do panorama teatral em São Paulo em 1968, segue a seguir a relação, extraída daquele anuário, de 26 peças que estrearam naquele ano, todas elas com fichas técnicas compostas por profissionais da linha de frente do teatro brasileiro. Deve-se ter em conta que, de modo especial naqueles anos, havia um intenso intercâmbio entre São Paulo e Rio de Janeiro no que diz respeito à produção e exibição teatral.

É curioso observar nesta lista a grande quantidade, exatamente seis, de espetáculos que estrearam depois do dia 20 de dezembro – quatro entre o Natal e o Ano Novo –, período em que, atualmente, a atividade teatral permanece quase totalmente em recesso. Havia duas razões principais para isso: eventuais questões contratuais e, principalmente, a conveniência de ganhar um ano na habilitação do espetáculo à disputa da premiação anual. Os espetáculos que se apresentavam em São Paulo concorriam naquele momento a pelo menos três cobiçadas premiações: Prêmio Governador do Estado, Prêmio Molière (patrocinado pela Air France) e Prêmio Associação Paulista de Críticos Teatrais (APCT). Exatamente em 1968 foi extinta outra premiação importante, criada em 1951, o Prêmio Saci de Cinema e Teatro, patrocinado pelo jornal *O Estado de S. Paulo*.

A lista exclui, porque também são tratados à parte, os espetáculos do Arena e do Oficina – inclusive *Roda viva*, que apesar de dirigido por José Celso foi, em São Paulo, uma produção de Ruth Escobar, e não do Teatro Oficina.

Principais peças exibidas em São Paulo em 68

- *Lisístrata*, de Aristófanes. Tradução de Millôr Fernandes. Produção de Ruth Escobar. Direção de Maurice Vaneau. Grande elenco encabeçado por Ruth Escobar (depois Rosa Maria Murtinho), com Elizabeth Hartmann, Assunta Perez, Cláudio Mamberti, Carlos Augusto Strazzer e outros. Sala Galpão do Teatro Ruth Escobar. Estreia: 5 de janeiro.
- *Tudo no jardim*, de Edward Albee. Produção de Sandro Polloni. Direção de Flávio Rangel. No elenco, entre outros, Maria Della Costa, Sebastião Campos, Dina Lisboa e Sérgio Viotti. Teatro Maria Della Costa. Estreia: 7 de janeiro.
- *O olho azul da falecida*, de Joe Orton. Tradução de Bárbara Heliodora. Produção de Joe Kantor. Direção de Antônio Abujamra. Elenco: Germano Filho, Nicette Bruno, Francisco Solano, João José Pompeu, Paulo Goulart e Marcelo Bueno. Teatro Cacilda Becker. Estreia: 15 de janeiro.
- *Dois na gangorra*, de William Gibson. Produção de Joe Kantor. Direção de Osmar Rodrigues Cruz. No elenco, Juca de Oliveira e Lilian

Lemmertz. Teatro Aliança Francesa e TBC. Estreia: 4 de fevereiro. Prêmio Molière de Melhor Atriz para Lilian Lemmertz.
- *Deus lhe pague*, de Joracy Camargo. Sociedade Paulista de Comédia. Elenco protagonizado por Procópio Ferreira. TBC. Estreia: 9 de fevereiro.
- *Este ovo é um galo*, de Lauro César Muniz. Produção de Ruth Escobar. Direção de Silnei Siqueira. No elenco, entre outros, Débora Duarte, Luís Carlos Arutim, Analy Alvarez, Luiz Serra e Umberto Magnani. Teatro Ruth Escobar, sala Gil Vicente. Estreia: 14 de fevereiro.
- *Um dia na morte de Joe Egg*, de Peter Nicholson. Tradução de Bárbara Heliodora. Companhia Nydia Licia. Direção de Antônio Ghigonetto. Elenco: Lima Duarte, Nydia Licia, Sylvia Cardoso, Célia Helena e Rildo Gonçalves. Teatro Bela Vista. Estreia: 13 de março.
- *A volta ao lar*, de Harold Pinter. Tradução de Millôr Fernandes. Produção e direção de Fernando Torres. No elenco, Fernanda Montenegro, Ziembinski, Jairo Arco e Flexa e outros. Teatro Maria Della Costa. Estreia: 15 de março.
- *A cozinha*, de Arnold Wesker. Produção de John Herbert/Antunes Filho. Direção de Antunes Filho. No elenco, Juca de Oliveira, Ivete Bonfá, Analy Alvarez, Beth Mendes, Ricardo Petraglia, Irene Ravache e Ewerton de Castro, entre outros. Teatro Aliança Francesa. Estreia: 6 de junho. Prêmio Governador do Estado de Melhor Direção para Antunes Filho, Melhor Ator para Juca de Oliveira e Melhor Cenógrafo para Maria Bonomi. Molière de Melhor Diretor para Antunes Filho e Melhor Ator para Juca de Oliveira. APCT de Melhor Ator para Juca de Oliveira.
- *Os últimos*, de Máximo Gorki. Produção do Teatro Livre. Direção de Antônio Ghigonetto. No elenco, Nicette Bruno, João José Pompeu, Débora Duarte, Carlos Augusto Strazzer, Ednei Giovenazzi, Paulo Goulart e outros. Teatro Cacilda Becker. Estreia: 20 de junho.
- *Abre a janela e deixa entrar o ar puro e o sol da manhã*, de Antônio Bivar. Produção do Teatro Popular de Arte (Sandro Polônio). Direção de Fauzi Arap. No elenco, entre outros, Maria Della Costa e Jonas Mello. Teatro Maria Della Costa. Estreia: 10 de julho. Prêmio APCT de Melhor Autor para Antônio Bivar.

- *A mulher de todos nós*, de Henry Beck. Tradução e adaptação de Millôr Fernandes. Companhia Fernando Torres. Direção de Fernando Torres. Elenco: Fernanda Montenegro, Sérgio Britto, Ítalo Rossi, Gledy Marise e Perry Salles. Teatro Anchieta. Estreia: 19 de julho.
- *O burguês fidalgo*, de Molière. Cia. Paulo Autran. Direção de Ademar Guerra. Grande elenco liderado por Paulo Autran. Teatro Bela Vista. Estreia: 8 de agosto. Prêmio Governador do Estado de Melhor Cenotécnico para Marcelo Bueno.
- *Cordélia Brasil*, de Antônio Bivar. Direção de Emílio di Biasi. No elenco, Norma Bengell, Emílio di Biasi e Paulo Bianco. Teatro de Arena. Estreia: 17 de setembro. Prêmio Governador do Estado de Melhor Autor Brasileiro para Antônio Bivar e de Melhor Atriz para Norma Bengell. Prêmio APCT de Melhor Autor para Antônio Bivar.
- *As criadas*, de Jean Genet. Direção conjunta de Alberto D'Aversa e Antônio Abujamra, com assistência de Sylvio de Abreu. Originalmente as três personagens são mulheres, mas nesta montagem o elenco foi constituído por uma mulher e dois homens: Laura Cardoso, João José Pompeu e Nestor de Montemar. Teatro Cacilda Becker. Estreia: 15 de outubro.
- *La fiaca*, de Ricardo Talesnik. Produção da Companhia Benjamin Cattan. Direção de Benjamin Cattan. No elenco, Benjamin Cattan, Sebastião Campos, Riva Nimitz e outros. Teatro Aliança Francesa. Estreia: 23 de outubro.
- *O Clube da Fossa*, de Abílio Pereira de Almeida. Produção do autor. No elenco, Célia Helena e Jairo Arco e Flexa, entre outros. TBC. Estreia: 24 de outubro. Prêmio Governador do Estado de Melhor Atriz Coadjuvante para Célia Helena.
- *Noites brancas*, de Fiódor Dostoiévski. Produção do Grupo União. Direção de Osmar Rodrigues Cruz. No elenco, Débora Duarte, Odavlas Petti e Hélio Fernando. Auditório Itália. Estreia: 7 de novembro.
- *Cemitério de automóveis*, de Fernando Arrabal. Produção de Ruth Escobar/Vladimir Cardoso. Direção de Victor Garcia. No elenco, Stênio Garcia, Ruth Escobar (depois Íris Bruzzi), Jonas Mello, Sylvio Zilber,

Assunta Perez e outros. Teatro 13 de Maio. Estreia: 10 de novembro. Prêmio Governador do Estado de Melhor Espetáculo do Ano. Prêmio Molière de Melhor Diretor para Victor Garcia.
- *Georges Dandin*, de Molière. Grupo Teatro da Cidade de Santo André. Direção de Heleny Guariba. Grande elenco com Antônio Petrin, Aníbal Guedes, Sônia Braga e outros. Teatro Municipal de Santo André e em seguida teatros Alumínio e Anchieta, na capital. Estreia: 7 de dezembro.
- *Alô... 36-4408*, de Abílio Pereira de Almeida. Produção do autor. Direção de Fredi Kleemann. No elenco, entre outros, Elizabeth Gasper. Teatro Paulo Eiró. Estreia: 22 de dezembro.
- *Humilhados e ofendidos*, de Fiódor Dostoiévski. Pelo Teatro de Grupo, de Santos. Direção de Roberto Vignati. No elenco, Eraldo Rizzo, Ednei Giovenazzi, Wanda Stefânia e outros. Estreou, em Santos, em 27 de dezembro.
- *Marta Saré*, de Gianfrancesco Guarnieri e Edu Lobo. Produção Fernando Torres. No elenco, entre outros, Fernanda Montenegro, Myriam Muniz, Beatriz Segall, Gianfrancesco Guarnieri, Sylvio Zilber, Paulo César Pereio. Teatro São Pedro. Estreia: 28 de dezembro.
- *A moreninha*, de Joaquim Manuel de Macedo. Produção de Cláudio Petraglia. Adaptação para musical de Cláudio Petraglia e Miroel Silveira. Direção de Osmar Rodrigues Cruz. No elenco, entre outros, Sônia Oiticica, Ricardo Petraglia, Perry Salles, Cláudia Mello, Zezé Motta e Gésio Amadeu. Teatro Anchieta. Estreia: 29 de dezembro.
- *A última virgem*, de Nelson Rodrigues. Produção de Ruth Escobar. Direção n/c. No elenco, Dirce Migliaccio, Jofre Soares e outros. Teatro Ruth Escobar. Estreia: 29 de dezembro.
- *O cinto acusador*, de Martins Pena. Grupo União. Direção de Benedito Corsi. Grande elenco com, entre outros, Yara Amaral, Walderez de Barros, Ariclê Perez, Eugênia Tereza, Bri Fiocca, Paulo Vilaça, Chico Martins e Odavlas Petti. Auditório Itália. Estreia: 30 de dezembro.

Tratava-se, como se pode ver, de um repertório amplo e variado que contemplava teatro de qualidade para todos os gostos. Mais do que isso, esse repertório do teatro "estabelecido", apesar de aparentemente alheio ao teatro "político" dos grupos de vanguarda que confrontavam a ditadura civil-militar, tinha o mérito de estar quase sempre engajado no questionamento dos valores morais e costumes da civilização ocidental que era agenda da vanguarda intelectual e artística na Europa e nos Estados Unidos no pós-guerra e chegava ao Brasil, como de hábito, com atraso.

De fato, era comum, naquele tempo, madames e cavalheiros da classe média, habituados a frequentar as plateias teatrais por questão de *status* mais do que qualquer outro motivo, saírem dos teatros chocados e ofendidos pela falta de cerimônia com que seus preconceitos, seus desejos inconfessáveis, seu egoísmo social eram expostos e, pior, ridicularizados por depravados como Harold Pinter, Edward Albee, Joe Orton, Jean Genet, Fernando Arrabal e muitos outros, sem falar de pretensiosos párias nativos como Plínio Marcos, Nelson Rodrigues e Antônio Bivar *et caterva*.

Promessas vãs

Desde o início do ano, representantes do teatro e do cinema vinham negociando com o ministro da Justiça, Luís Antônio da Gama e Silva, a regulamentação da censura de obras teatrais e cinematográficas. Conhecido pela capacidade de dissimulação que lhe garantia a confiança tanto do presidente Costa e Silva, obcecado pela "normalidade" do regime, quanto da linha dura civil e militar, que conspirava abertamente contra as liberdades democráticas, Gaminha, como era conhecido o ministro, procurava colocar panos quentes nas manifestações de indignação e protesto que dominavam, de modo especial, a gente do teatro. E havia um bom motivo para isso: em fevereiro a censura tirara de cartaz, em Brasília, sem maiores explicações senão as reiteradas declarações do sempre irado chefe do serviço, general Juvêncio Façanha, a peça *Um bonde chamado desejo*, de Tennessee Williams. A truculência, reforçada pela arbitrária suspensão de 30 dias imposta à produtora e protagonista do espetáculo, Maria Fernanda, desencadeou uma greve que manteve fechados por três dias os teatros de São Paulo e do Rio de Janeiro e os artistas protestando nas ruas.

A forte repercussão do episódio convenceu o ministro a contemporizar. No ano anterior, a censura de diversões públicas, antes a cargo de cada unidade da Federação, fora centralizada no Departamento de Polícia Federal (DPF), em Brasília. Essa centralização já tinha sido muito mal recebida pelos artistas, porque, ao contrário do que propalava o ministro da Justiça, em vez de desburocratizar e agilizar a tramitação de expedientes relativos à censura, facilitava o controle político do assunto, permitindo que as autoridades federais manipulassem prazos, por exemplo, de acordo com as conveniências políticas do governo.

Em fevereiro de 1968, pressionado pela repercussão do assunto na mídia, Gama e Silva agendou reuniões com os artistas e nomeou um grupo de trabalho integrado por representantes das entidades de classe interessadas e técnicos do ministério para elaborar um projeto de regulamentação da censura que a tornasse exclusivamente classificatória, acabando com a censura de conteúdo, proibitória. De acordo com o que foi então publicado na mídia, o Ministério da Justiça entendia que toda a legislação sobre fiscalização de manifestações artísticas e diversões públicas precisava ser revista, por dois motivos principais. Primeiro, segundo as mesmas fontes oficiais, "o grande número de leis, decretos, portarias e ordens de serviço sobre censura, muitos conflitantes, e os constantes erros que o atual Serviço de Censura comete, interditando indevidamente inúmeras obras de arte e causando queixas gerais em diversos segmentos artísticos e intelectuais". Além disso, "os casos recentes de proibição da peça *Navalha na carne*, do filme *Terra em transe*, da música "Balada do Vietnã", irritaram o ministro, que precisou resolver os impasses criados devido ao rigoroso critério dos censores". Ainda no fim do ano anterior Gaminha assistira a *Navalha na carne* em São Paulo e manifestara publicamente a opinião de que não via motivos para a interdição do espetáculo. Além disso, manifestara à atriz Tônia Carrero, após a greve teatral provocada pela proibição de *Um bonde...*, a convicção de que era preciso mexer na legislação relativa à censura porque não via sentido em os artistas terem que recorrer ao Ministério da Justiça sempre que tivessem uma peça proibida.

Naquele início de ano o ministro também manifestara aos artistas, mais de uma vez, irritação com o comportamento do general que chefiava o DPF, Juvêncio Façanha, useiro e vezeiro em ofensas à gente do teatro. Por tudo isso, ao instalar o grupo de trabalho de revisão da censura, o ministro procurou tranquilizar os artistas, em entrevistas à imprensa: "O teatro é livre. A censura não os incomodará mais". E disse mais: "A questão cultural não é e não pode ser caso de polícia". Tudo balela, jogo de cena, como seria demonstrado meses depois.

O grupo de trabalho entregou a Gama e Silva em maio o anteprojeto que lhe fora encomendado. Nele, segundo se apurou então, estava previsto o fim da censura proibitória. O texto dormiu na gaveta do ministro até novembro, quando o presidente Costa e Silva assinou a Lei 5.536 – integralmente transcrita a seguir –, que dispunha sobre "a censura de obras teatrais e cinematográficas". O artigo 1º estabelecia que "a censura das peças teatrais será classificatória". Mas, logo em seguida, no artigo 2º, estabelecia os muitos casos em que "não se aplica o disposto no artigo anterior". Ou seja, na verdade, nada mudava. E, por precaução, o artigo 11 determinava: "As peças teatrais, após aprovadas pela censura, não poderão ter os seus textos modificados ou acrescidos, inclusive na representação".

Menos de um mês depois, antes mesmo de ser regulamentada, a Lei 5.536 tornava-se inútil, com a edição do Ato Institucional nº 5.

Para registro, a seguir a íntegra da "lei" com a qual a linha dura civil-militar comemorou a façanha de colocar o teatro sob seu tacão.

LEI Nº 5.536, DE 21 DE NOVEMBRO DE 1968

Dispõe sobre a censura de obras teatrais e cinematográficas, cria o Conselho Superior de Censura e dá outras providências.

O PRESIDENTE DA REPÚBLICA: faço saber que o CONGRESSO NACIONAL decreta e eu sanciono a seguinte Lei:

Art. 1º – A censura de peças teatrais será classificatória, tendo em vista a idade do público admissível ao espetáculo, o gênero deste e a linguagem do texto, com as exceções previstas nesta Lei.

§ 1º – Os espetáculos teatrais serão classificados como livres e impróprios ou proibidos para menores de 10 (dez), 14 (quatorze), 16 (dezesseis) ou 18 (dezoito) anos.

§ 2º – A classificação de que trata este artigo constará de certificado de censura e de qualquer publicidade pertinente ao espetáculo, e será afixada em lugar visível ao público, junto à bilheteria.

§ 3º – A classificação obedecerá a critérios a serem especificados em regulamento, dando ao público, tanto quanto possível, a ideia geral do mesmo.

Art. 2º – Não se aplica o disposto no artigo anterior, salvo quanto a seus §§ 1º e 2º, às peças teatrais que, de qualquer modo, possam:

I – atentar contra a segurança nacional e o regime representativo e democrático;

II – ofender as coletividades ou as religiões ou incentivar preconceitos de raça ou luta de classes; e

III – prejudicar a cordialidade das relações com outros povos.

Parágrafo único – A censura às peças teatrais que incidam em quaisquer das restrições referidas neste artigo, observado o disposto no § 1º do art. 8º, continua a ser regulada pela legislação anterior, quanto à sua reprovação, parcial ou total, não podendo a autoridade fazer substituições que importem em aditamento ou colaboração.

Art. 3º – Para efeito de censura classificatória de idade, ou de aprovação, total ou parcial, de obras cinematográficas de qualquer natureza levar-se-á em conta não serem elas contrárias à segurança nacional e ao regime representativo e democrático, à ordem e ao decoro públicos, aos bons costumes, ou ofensivas às coletividades ou às religiões ou, ainda, capazes de incentivar preconceitos de raça ou de luta de classes.

Art. 4º – Os órgãos de censura deverão apreciar a obra em seu contexto geral levando-lhe em conta o valor artístico, cultural e educativo, sem isolar cenas, trechos ou frases, ficando-lhe vedadas recomendações críticas sobre as obras censuradas.

Art. 5º – A obra cinematográfica poderá ser exibida em versão integral, apenas com censura classificatória de idade, nas cinematecas e nos cineclubes, de finalidades culturais.

Parágrafo único – As cinematecas e cineclubes referidos neste artigo deverão constituir-se sob a forma de sociedade civil, nos termos da legislação em vigor, e aplicar seus recursos, exclusivamente, na manutenção e desenvolvimento de seus objetivos, sendo-lhes vedada a distribuição de lucros, bonificações ou quaisquer vantagens pecuniárias a dirigentes, mantenedores ou associados.

Art. 6º – A sala de exibição que haja sido registrada no Instituto Nacional do Cinema para explorar, exclusivamente, filmes de reconhecido valor artístico, educativo ou cultural, poderá exibi-los, em versão integral com censura apenas classificatória de idade, observada a proporcionalidade de filmes nacionais, de acordo com as normas legais em vigor.

Art. 7º – Para a exibição de que tratam os artigos 5º e 6º será concedido Certificado Especial à obra cinematográfica.

§ 1º – O Certificado Especial não dispensa a obtenção de certificado apropriado para a exibição nas demais salas.

§ 2º – A infração do disposto nos artigos 5º e 6º desta Lei acarretará a proibição de exibição de filmes com Certificado Especial.

Art. 8º – O Serviço de Censura de Diversões Públicas do Departamento de Polícia Federal deverá decidir e, se for o caso, expedir o certificado de censura da obra teatral ou cinematográfica, dentro do prazo de 20 (vinte) dias, contados da data da entrega do requerimento.

§ 1º – A decisão do Serviço de Censura de Diversões Públicas que importe em reprovação total das peças que incidam em quaisquer das restrições referidas no art. 2º desta Lei será submetida à aprovação, dentro do prazo estabelecido neste artigo, do Diretor-Geral do Departamento de Polícia Federal, que deverá resolver dentro de 5 (cinco) dias, a partir da data do recebimento do processo.

§ 2º – Decorridos os prazos previstos neste artigo sem a manifestação do Serviço de Censura de Diversões Públicas, ou do Diretor-Geral do Departamento de Polícia Federal, entender-se-á liberada a obra, com proibição para menores de 16 (dezesseis) anos, sem prejuízo da satisfação posteriormente das determinações da Censura.

Art. 9º – Dentro de 30 (trinta) dias, contados da data em que tiver ciência da decisão do Serviço de Censura de Diversões Públicas, poderá o interessado interpor recurso para o Diretor-Geral do Departamento de Polícia Federal, que deverá decidi-lo no prazo de 10 (dez) dias.

§ 1º – Presumir-se-á reformada a decisão recorrida e liberada a obra se o recurso não for decidido dentro do prazo previsto neste artigo.

§ 2º – Da decisão do Diretor-Geral do Departamento de Polícia Federal, caberá recurso ao Conselho Superior de Censura.

§ 3º – Quando ocorrer a hipótese do § 1º deste artigo, o Diretor-Geral do Departamento de Polícia Federal poderá, também, recorrer para o Conselho Superior de Censura.

Art. 10º – O certificado de censura para teatro, cinema e novelas ou teatro para radiodifusão terá validade, em todo território nacional, pelo prazo de 5 (cinco) anos, tanto para o mesmo ou outro empresário, quanto para o mesmo ou outro elenco, e, dentro deste prazo, só poderá ser revisto o limite de idade se for introduzido elemento novo no espetáculo que justifique outra classificação.

Art. 11 – As peças teatrais, após aprovadas pela censura, não poderão ter os seus textos modificados ou acrescidos, inclusive na representação.

Parágrafo único – A violação ao disposto neste artigo acarretará a suspensão do espetáculo por 3 (três) a 20 (vinte) dias, independentemente da pena pecuniária.

Art. 12 – As cinematecas e cineclubes poderão exibir qualquer filme já censurado, independentemente de revalidação do respectivo certificado.

Art. 13 – A censura de espetáculos e obras cinematográficas será feita por comissões constituídas de 3 (três) integrantes da série de classes de Técnico de Censura.

Art. 14 – Fica alterada para Técnico de Censura a denominação das classes integrantes da atual série de classes de Censor Federal, Código PF-101, do Quadro de Pessoal do Departamento de Polícia Federal.

§ 1º – Para o provimento de cargo de série de classes de Técnico de Censura, observado o disposto no artigo 95, § 1º, da Constituição, é obrigatória a apresentação de diploma, devidamente registrado, de conclusão de curso superior de Ciências Sociais, Direito, Filosofia, Jornalismo, Pedagogia ou Psicologia.

§ 2º – É ressalvada a situação pessoal dos atuais ocupantes de cargos da série de classes de Censor Federal.

§ 3º – É assegurada preferência, para promoção aos cargos da classe B, nível 18, da série de classes de Técnicos de Censura, aos ocupantes de cargos de classe A, nível 17, da mesma série, portadores de diplomas dos cursos a que se refere este artigo.

Art. 15 – Fica instituído o Conselho Superior de Censura (CSC), órgão diretamente subordinado ao Ministério da Justiça.

Art. 16 – O Conselho Superior de Censura compõe-se de um representante:

I – do Ministério da Justiça;

II – do Ministério das Relações Exteriores;

III – do Ministério das Comunicações;

IV – do Conselho Federal de Cultura;

V – do Conselho Federal de Educação;

VI – do Serviço Nacional do Teatro;

VII – do Instituto Nacional do Cinema;

VIII – da Fundação Nacional do Bem-Estar do Menor;

IX – da Academia Brasileira de Letras;

X – da Associação Brasileira de Imprensa;

XI – dos autores teatrais;

XII – dos autores de filmes;

XIII – dos produtores cinematográficos;

XIV – dos artistas e técnicos em espetáculos de diversões públicas;

XV – dos autores de radiodifusão.

§ 1º – Cada membro do Conselho terá um suplente.

§ 2º – Os membros do Conselho e os respectivos suplentes serão designados pelo Ministro da Justiça dentre os portadores de diploma de nível universitário, devidamente registrado, preferencialmente dos cursos a que se refere o art. 14 desta Lei.

§ 3º – Quando as entidades relacionadas neste artigo não estiverem legalmente organizadas, com jurisdição para todo o território nacional, o Ministro da Justiça poderá designar os respectivos representantes e suplentes, independentemente de indicação.

§ 4º – O Conselho será presidido por um de seus membros, escolhido e designado pelo Ministro da Justiça, e, nas faltas ou impedimentos deste, pelo representante do Ministério das Relações Exteriores.

§ 5º – O Presidente do Conselho terá voz e votos nas suas deliberações, cabendo-lhe, também, o voto de qualidade.

Art. 17 – Ao Conselho Superior de Censura compete rever, em grau de recurso, as decisões finais relativas à censura de espetáculos e diversões públicas proferidas pelo Diretor-Geral do Departamento de Polícia Federal e elaborar normas de critérios que orientem o exercício da censura, submetendo-os à aprovação do Ministro da Justiça.

Parágrafo único – Os recursos ao Conselho Superior de Censura deverão ser interpostos dentro de 15 (quinze) dias a contar da ciência, pelo interessado, da decisão recorrida e resolvidos no prazo de 30 (trinta) dias.

Art. 18 – Da decisão não unânime do Conselho Superior de Censura caberá recurso ao Ministro da Justiça, interposto dentro de 15 (quinze) dias, a contar da ciência do ato, pelo interessado, e solucionado no prazo de 30 (trinta) dias.

Art. 19 – Das decisões proferidas com fundamento nesta Lei será dada ciência aos interessados, pessoalmente ou mediante publicação de seu resumo no Diário Oficial da União.

Parágrafo único – Mediante solicitação do interessado, ser-lhe-á expedida certidão do inteiro teor de decisão referente à censura da obra teatral ou cinematográfica.

Art. 20 – Os membros do Conselho Superior de Censura farão jus, por sessão a que comparecerem, a gratificação pela participação em órgão de deliberação coletiva, fixada pelo Presidente da República, na forma da lei.

Art. 21 – As penalidades por infrações a dispositivos desta Lei serão estabelecidas no respectivo regulamento.

Parágrafo único – Em se tratando de pena pecuniária, deverá esta graduar-se, segundo a gravidade da infração, entre o mínimo de 2 (duas) vezes e o máximo de 50 (cinquenta) vezes o valor do maior salário mínimo vigente no país.

Art. 22 – Continuam em vigor todas as normas legais e regulamentares relativas à censura de espetáculos e diversões públicas em tudo quanto não contrariarem a presente Lei.

Art. 23 – O Ministro da Justiça, no prazo de 60 (sessenta) dias, contados da publicação desta Lei, submeterá à aprovação do Presidente da República o respectivo regulamento e, em igual prazo, providenciará a consolidação de todas as normas legais referidas no artigo anterior.

Art. 24 – Esta Lei entrará em vigor 60 (sessenta) dias após a sua publicação.

Art. 25 – Revogam-se as disposições em contrário.

Brasília, 21 de novembro de 1968
147º da Independência e 80º da República

A. COSTA E SILVA
Luís Antônio da Gama e Silva
José de Magalhães Pinto

O golpe de misericórdia

O golpe militar de 1964 anunciou-se com o propósito de assegurar "autêntica ordem democrática, baseada na liberdade, no respeito à dignidade da pessoa humana, no combate à subversão e às ideologias contrárias às tradições de nosso povo, na luta contra a corrupção" etc. e tal, como constava do preâmbulo do Ato Institucional nº 1, de 6 de abril de 1964, que institucionalizou a nova ordem. Nos quase três anos seguintes, o país viveu, em tese, sob a égide da Constituição de 1946, que sepultara a ditadura Vargas. Durante esse período, a vocação autoritária dos novos donos do poder fez tábula rasa daquela Carta Magna, desfigurando-a com medidas supraconstitucionais impostas pelo "poder revolucionário": atos institucionais, complementares e emendas, a começar pelo anteriormente mencionado

Ato Institucional nº 1. Para botar ordem nessa orgia, em janeiro de 1967 a "Revolução de 1964" providenciou uma Constituição para chamar de sua, docilmente aprovada por um Congresso Nacional enquadrado na ordem unida do Planalto. Quer dizer, então, que finalmente os militares estavam satisfeitos com a institucionalização do poder que tinham tomado de assalto? Negativo.

Desde seus primórdios, o golpe de 1964 vivia sob a tensão de uma nada velada queda de braço entre suas lideranças genuinamente comprometidas com a "redemocratização" do país, os "moderados", e a chamada "linha dura", militar e civil, que, cada vez mais seduzida pelo poder, conspirava para nele se perpetuar. Castello Branco, o moderado e intelectualmente respeitado general que fora o primeiro presidente da República, assumira o governo com a intenção de restabelecer o poder civil tão logo isso fosse possível. Mas era carta fora do baralho, desde que a linha dura lograra eleger seu sucessor o general Costa e Silva, um "boa praça" de forte espírito corporativo que não logrou, se é que tentou de fato, neutralizar a devastadora ânsia de poder da linha dura.

A Constituição de 1967, por mais que tivesse sido adaptada ao modo de ver as coisas dos militares radicais, era a Lei Maior. E quem disse que os ferrabrases tipo general Juvêncio Façanha – aquele que achava que todos os intelectuais e artistas eram "pés-sujos, desvairados e vagabundos" – queriam saber de lei, maior ou menor? O resultado é que a Constituição de 1967 acabou virando também letra morta, quase dois anos depois de sancionada, principalmente a partir da edição do AI-5.

Aliás, até ser substituída, em 1988, pela "Constituição Cidadã" – mas principalmente enquanto os militares permaneceram no poder –, a Constituição de 1967, que institucionalizara o golpe de 1964, bateu continência para um total de 13 atos institucionais, 67 atos complementares e 27 emendas. Destas, a Emenda nº 1 foi a mais peculiar. Foi editada em 17 de outubro de 1969, quando o país era governado por uma junta militar (aliás, expressão então oficialmente proibida) que cobria a vacância resultante do afastamento do presidente Costa e Silva, em agosto do mesmo ano, em consequência de uma trombose cerebral. O objetivo principal da

Emenda nº 1 era fortalecer o Poder Executivo nas vésperas da posse do novo presidente da República, general Emílio Garrastazu Médici, que se deu em 30 de outubro.

Vale registrar que essa tal Emenda nº 1 foi publicada com a introdução de praxe: "O Congresso Nacional, invocando a proteção de Deus, decreta e promulga...". Mentirinha. O Congresso Nacional fora posto em recesso desde dezembro do ano anterior. A lei? Ora, a lei! Tudo era possível para o governo militar, como ficou demonstrado com o golpe de misericórdia na democracia brasileira desfechado com o famigerado Ato Institucional nº 5. Ei-lo, na íntegra:

Presidência da República
Casa Civil
Subchefia para Assuntos Jurídicos

ATO INSTITUCIONAL Nº 5, DE 13 DE DEZEMBRO DE 1968

São mantidas a Constituição de 24 de janeiro de 1967 e as Constituições Estaduais; o Presidente da República poderá decretar a intervenção nos estados e municípios, sem as limitações previstas na Constituição, suspender os direitos políticos de quaisquer cidadãos pelo prazo de 10 anos e cassar mandatos eletivos federais, estaduais e municipais, e dá outras providências.

O PRESIDENTE DA REPÚBLICA FEDERATIVA DO BRASIL, ouvido o Conselho de Segurança Nacional, e

CONSIDERANDO que a Revolução Brasileira de 31 de março de 1964 teve, conforme decorre dos Atos com os quais se institucionalizou, fundamentos e propósitos que visavam a dar ao país um regime que, atendendo às exigências de um sistema jurídico e político, assegurasse autêntica ordem democrática, baseada na liberdade, no respeito à dignidade da pessoa humana, no combate à subversão e às ideologias contrárias às tradições de nosso povo, na luta contra a corrupção, buscando, deste modo, "os meios indispensáveis à obra de reconstrução econômica, financeira, política e moral do Brasil, de maneira a poder enfrentar, de modo direto e imediato, os graves e urgentes problemas de que depende a restauração da ordem interna e do prestígio internacional da nossa pátria" (Preâmbulo do Ato Institucional nº 1, de 9 de abril de 1964);

CONSIDERANDO que o Governo da República, responsável pela execução daqueles objetivos e pela ordem e segurança internas, não só não pode permitir que pessoas ou grupos antirrevolucionários contra ela trabalhem, tramem ou ajam, sob pena de estar faltando a compromissos que assumiu com o povo brasileiro, bem como porque o Poder Revolucionário, ao editar o Ato Institucional nº 2, afirmou, categoricamente, que "não se disse que a Revolução foi, mas que é e continuará" e, portanto, o processo revolucionário em desenvolvimento não pode ser detido;

CONSIDERANDO que esse mesmo Poder Revolucionário, exercido pelo Presidente da República, ao convocar o Congresso Nacional para discutir, votar e promulgar a nova Constituição, estabeleceu que esta, além de representar "a institucionalização dos ideais e princípios da Revolução", deveria "assegurar a continuidade da obra revolucionária" (Ato Institucional nº 4, de 7 de dezembro de 1966);

CONSIDERANDO, no entanto, que atos nitidamente subversivos, oriundos dos mais distintos setores políticos e culturais, comprovam que os instrumentos jurídicos que a Revolução vitoriosa outorgou à Nação para sua defesa, desenvolvimento e bem-estar de seu povo estão servindo de meios para combatê-la e destruí-la;

CONSIDERANDO que, assim, se torna imperiosa a adoção de medidas que impeçam sejam frustrados os ideais superiores da Revolução, preservando a ordem, a segurança, a tranquilidade, o desenvolvimento econômico e cultural e a harmonia política e social do país comprometidos por processos subversivos e de guerra revolucionária;

CONSIDERANDO que todos esses fatos perturbadores da ordem são contrários aos ideais e à consolidação do Movimento de Março de 1964, obrigando os que por ele se responsabilizaram e juraram defendê-lo a adotarem as providências necessárias, que evitem sua destruição,

Resolve editar o seguinte

ATO INSTITUCIONAL

Art. 1º – São mantidas a Constituição de 24 de janeiro de 1967 e as Constituições Estaduais, com as modificações constantes deste Ato Institucional.

Art. 2º – O Presidente da República poderá decretar o recesso do Congresso Nacional, das Assembleias Legislativas e das Câmaras de Vereadores, por Ato Complementar, em estado de sítio ou fora dele, só voltando os mesmos a funcionar quando convocados pelo Presidente da República.

§ 1º – Decretado o recesso parlamentar, o Poder Executivo correspondente fica autorizado a legislar em todas as matérias e exercer as atribuições previstas nas Constituições ou na Lei Orgânica dos Municípios.

§ 2º – Durante o período de recesso, os Senadores, os Deputados federais, estaduais e os Vereadores só perceberão a parte fixa de seus subsídios.

§ 3º – Em caso de recesso da Câmara Municipal, a fiscalização financeira e orçamentária dos Municípios que não possuam Tribunal de Contas será exercida pelo do respectivo Estado, estendendo sua ação às funções de auditoria, julgamento das contas dos administradores e demais responsáveis por bens e valores públicos.

Art. 3º – O Presidente da República, no interesse nacional, poderá decretar a intervenção nos Estados e Municípios, sem as limitações previstas na Constituição.

Parágrafo único – Os interventores nos Estados e Municípios serão nomeados pelo Presidente da República e exercerão todas as funções e atribuições que caibam, respectivamente, aos Governadores ou Prefeitos, e gozarão das prerrogativas, vencimentos e vantagens fixados em lei.

Art. 4º – No interesse de preservar a Revolução, o Presidente da República, ouvido o Conselho de Segurança Nacional, e sem as limitações previstas na Constituição, poderá suspender os direitos políticos de quaisquer cidadãos pelo prazo de 10 anos e cassar mandatos eletivos federais, estaduais e municipais.

Parágrafo único – Aos membros dos Legislativos federal, estaduais e municipais que tiverem seus mandatos cassados não serão dados substitutos, determinando-se o quórum parlamentar em função dos lugares efetivamente preenchidos.

Art. 5º – A suspensão dos direitos políticos, com base neste Ato, importa, simultaneamente, em:

I – cessação de privilégio de foro por prerrogativa de função;

II – suspensão do direito de votar e de ser votado nas eleições sindicais;

III – proibição de atividades ou manifestação sobre assunto de natureza política;

IV – aplicação, quando necessária, das seguintes medidas de segurança:

a) liberdade vigiada;

b) proibição de frequentar determinados lugares;

c) domicílio determinado.

§ 1º – O ato que decretar a suspensão dos direitos políticos poderá fixar restrições ou proibições relativamente ao exercício de quaisquer outros direitos públicos ou privados.

§ 2º – As medidas de segurança de que trata o item IV deste artigo serão aplicadas pelo Ministro de Estado da Justiça, defesa a apreciação de seu ato pelo Poder Judiciário.

Art. 6º – Ficam suspensas as garantias constitucionais ou legais de: vitaliciedade, inamovibilidade e estabilidade, bem como a de exercício em funções por prazo certo.

§ 1º – O Presidente da República poderá, mediante decreto, demitir, remover, aposentar ou pôr em disponibilidade quaisquer titulares das garantias referidas neste artigo, assim como empregados de autarquias, empresas públicas ou sociedades de economia mista, e demitir, transferir para a reserva ou reformar militares ou membros das polícias militares, assegurados, quando for o caso, os vencimentos e vantagens proporcionais ao tempo de serviço.

§ 2º – O disposto neste artigo e seu § 1º aplica-se, também, nos Estados, Municípios, Distrito Federal e Territórios.

Art. 7º – O Presidente da República, em qualquer dos casos previstos na Constituição, poderá decretar o estado de sítio e prorrogá-lo, fixando o respectivo prazo.

Art. 8º – O Presidente da República poderá, após investigação, decretar o confisco de bens de todos quantos tenham enriquecido, ilicitamente, no exercício de cargo ou função pública, inclusive de autarquias, empresas públicas e sociedades de economia mista, sem prejuízo das sanções penais cabíveis.

Parágrafo único – Provada a legitimidade da aquisição dos bens, far-se-á sua restituição.

Art. 9º – O Presidente da República poderá baixar Atos Complementares para a execução deste Ato Institucional, bem como adotar, se necessário à defesa da Revolução, as medidas previstas nas alíneas *d* e *e* do § 2º do art. 152 da Constituição.

Art. 10 – Fica suspensa a garantia de *habeas corpus*, nos casos de crimes políticos, contra a segurança nacional, a ordem econômica e social e a economia popular.

Art. 11 – Excluem-se de qualquer apreciação judicial todos os atos praticados de acordo com este Ato Institucional e seus Atos Complementares, bem como os respectivos efeitos.

Art. 12 – O presente Ato Institucional entra em vigor nesta data, revogadas as disposições em contrário.

Brasília, 13 de dezembro de 1968
147º da Independência e 80º da República

A. COSTA E SILVA
Luís Antônio da Gama e Silva
Augusto Hamann Rademaker Grünewald
Aurélio de Lyra Tavares
José de Magalhães Pinto
Antônio Delfim Netto
Mário David Andreazza
Ivo Arzua Pereira
Tarso Dutra
Jarbas G. Passarinho
Márcio de Souza e Mello
Leonel Miranda
José Costa Cavalcanti

Edmundo de Macedo Soares
Hélio Beltrão
Afonso A. Lima
Carlos F. de Simas

Pano rápido!

ANEXOS

O que pensa você da arte de esquerda?[9]
AUGUSTO BOAL

Os reacionários procuram sempre, a qualquer pretexto, dividir a esquerda. A luta que deve ser conduzida contra eles é, às vezes, por eles conduzida no seio da própria esquerda. Por isso, nós – festivos, sérios ou sisudos – devemos nos precaver. Nós que, em diferentes graus, desejamos modificações radicais na arte e na sociedade, devemos evitar que diferenças táticas de cada grupo artístico se transformem numa estratégia global suicida. O que os reacionários desejam é ver a esquerda transformada em sacos de gatos; desejam que a esquerda se derrote a si mesma. Contra isso devemos todos reagir: temos o dever de impedi-lo.

Porém, a pretexto de não dividir, não temos também o direito de calar nossas divergências. Pelo contrário: as diferentes tendências da nossa arte atual serão melhor entendidas através do cotejo de metas e processos. Isto é necessário, principalmente neste momento em que toda a arte de esquerda enfrenta a necessidade de recolocar os seus processos e as suas metas. O choque entre as diversas tendências não deve significar a predominância final de nenhuma, já que todas devem ser superadas, pois foram

---

9. Texto de abertura do programa de *1ª Feira Paulista de Opinião* na versão apresentada para a temporada no Teatro João Caetano, no Rio de Janeiro, realizada de 12 a 22 de setembro de 1968.

também superadas as circunstâncias políticas que as determinaram, cada uma no seu momento.

Dentro da esquerda, portanto, toda discussão será válida sempre que sirva para apressar a derrota da reação. E que isto fique bem claro: a palavra "reação" não pode ser entendida como uma entidade abstrata, irreal, puro conceito, mas, ao contrário, uma entidade concreta, bem organizada e eficaz. "Reação" é o atual governo oligarca, americanófilo, pauperizador do povo e desnacionalizador das riquezas do país; é o SNT, o INC, é a censura federal, estadual ou municipal e todas as suas delegacias; são os critérios de subvenções e proibições; e são também todos os artistas de teatro, cinema ou TV que se esquecem de que a principal tarefa de todo cidadão, através da arte ou de qualquer outra ferramenta, é a de libertar o Brasil de seu atual estado de país economicamente ocupado e derrotar o invasor, o "inimigo do gênero humano", segundo a formulação precisa de um pensador latino-americano recentemente assassinado.

Assim, antes que a esquerda artística se agrida a si mesma, deve procurar destruir todas as manifestações direitistas. E o primeiro passo para isso é a discussão aberta e ampla dos nossos principais temas. Isto, a direita não poderá jamais fazer, dado que a sua característica principal é a hipocrisia.

O repertório e o mercado

O repertório de obras de arte atualmente servido ao público está deteriorado. Grande é o número de artistas que fingem ignorar este fato: esta ignorância, verdadeira ou fingida, é crime. Em teatro, são criminosos os elencos cuja preocupação principal consiste em quitandeiramente ganhar alguns cobres servindo aos apetites mais rasteiros das plateias tranquilas; são criminosos todos aqueles que servilmente ficam atentos à última moda parisiense, ao último lançamento londrino – isto é, aqueles que renunciam à sua cidadania artística brasileira e se transformam em repetidores de arte alheia; são criminosos aqueles que apresentam sempre e apenas visões róseas do mundo através dos universos feéricos das peças de *boulevard* ou do psicologismo anglo-saxônico que tende a reduzir os mais graves problemas sociais e políticos a desajustes neuróticos de uns poucos cidadãos. São criminosos os fabricantes irresponsáveis de comedietas idiotas que, segundo a publicidade, "até parecem italianas". Estes são criminosos e não são artistas, porque arte é sempre a manifestação sensorial da verdade e não está dizendo a verdade o artista que constantemente ignore a guerra de genocídio do Vietnã, que ignore o lento assassinato pela fome de milhões de brasileiros no Norte, no Sul, no Centro, no Nordeste e no Centro-Oeste – estas são verdades nacionais e humanas que nenhuma mensagem presidencial, por mais esperta que seja, fará esquecer.

Por que são tantos os grupos teatrais que se dedicam ao teatro apodrecido, ao teatro da mentira, corruptor? Tirante os pulhas por convicção, existem também os pulhas por comodismo. Os primeiros acreditam na conquista do mercado, ainda que para isso seja necessário produzir "sob medida" para o rápido consumo. Se o mercado é demiurgo da arte – este lugar comum já foi destruído por Roberto Schwarz (*Teoria e Prática*, nº 2), onde observa que, entre o artista e o consumidor, numa sociedade capitalista, insere-se o mediador-capital, o mediador-patrocinador –, o dinheiro, este sim, é o verdadeiro demiurgo do gosto artístico posto em prática.

O mercado consumidor de teatro é, em última análise, o fator determinante do conteúdo e da forma da obra de arte, da arte-mercadoria. E esse mercado, nos principais centros urbanos do país, é formado pela alta classe média, e daí para cima. O povo e sua temática estão aprioristicamente excluídos. Este fato grave tem deformado a perspectiva criadora da maioria dos nossos artistas, que se atrelam aos desejos mais imediatos da "corte burguesa" da qual se tornam servis palhaços, praticando um teatro de classe, isto é, um teatro de classe proprietária, de classe opressora. A consequência lógica é uma arte de opressão.

Assim, o primeiro dever da esquerda é o de incluir o povo como interlocutor do diálogo teatral. E, quando falo povo, mais uma vez falo concretamente: "povo" é aquela gente de pouca carne e osso que vive nos bairros e trabalha nas fábricas, são aqueles que desejam trabalhar e não encontram emprego. Nenhum destes frequenta os teatros das cinelândias e, portanto, é necessário fazer com que o teatro frequente os circos, as praças públicas, os estádios, os adros, os descampados em cima de caminhões. A inclusão sistemática dessas plateias fará mudar o conteúdo e a forma do teatro brasileiro. Não basta que o Teatro de Arena de São Paulo e outros poucos elencos se disponham a fazê-lo, como têm sempre feito: é necessário que toda a esquerda o faça, e que o faça constantemente.

Este não é um trabalho fácil. Antigamente os Centros Populares de Cultura realizavam tarefas admiráveis no setor artístico e cultural: espetáculos, conferências, cursos, corais, alfabetização, cinema etc. Os reacionários, porém, escandalizaram-se com o fato de que também o povo gostava de teatro, gostava de aprender a ler etc. Os CPCs foram liquidados e os responsáveis por esse crime continuam no bem-bom.

O teatro é demasiadamente bom para o povo e justamente por isso todos os governos excluem, cuidadosamente, a verdadeira popularização do teatro de seus planos de auxílio. Em geral, dá-se dinheiro para que os preços caiam de 7 para 3 cruzeiros – as chamadas temporadas populares são apenas uma das muitas mistificações governamentais. São tão hipócritas como as quinzenas populares promovidas por boutiques de artigos importados. Rouba-se ao povo até mesmo o uso da palavra "popular". E o máximo que se tem conseguido fazer é incluir estudantes nas plateias: esta é uma condição necessária para se vitalizar o teatro, mas não é suficiente. Se um teatro propõe a transformação da sociedade deve propô-la a quem possa transformá-la: o contrário será hipocrisia ou gigolotagem.

O berro

No dia 1º de abril de 1964, o teatro brasileiro foi violentado – e com ele toda a nação. Os tanques tomaram o poder. Alguns setores da atividade nacional rapidamente se acomodaram à nova situação de força. O teatro, por sorte, e durante algum tempo, reagiu unânime e energicamente à ditadura camuflada. A violência militar foi respondida com a violência artística: *Opinião, Electra, Andorra, Tartufo, Arena conta Zumbi* e muitas outras peças procuravam agredir a mentira triunfante. Variavam a forma, o estilo, o gênero, mas a essência era a mesma exortação, o mesmo berro: era esta a única arma de que dispunha o teatro. As formas populares estavam desarmadas e não puderam assim, com arte apenas, vencer as metralhadoras.

Depois de algum tempo, a esquerda teatral pareceu cansar-se e quebrou-se sua homogeneidade. Uma parte guinou de vez para a direita e surgiu uma tendência francamente adesista: diante da opção de continuar ou desistir, houve gente que preferiu comportar-se. O Grupo Decisão, por exemplo, tinha apresentado uma valente versão de *Electra*. Depois desapareceu para surgir modificado na versão acovardada de *Boa noite, Excelência*. Que a terra lhe seja pesada.

Os teatros que, bem ou mal, continuaram, dividiram-se em três linhas principais. No último ano, essas três tendências ficaram bem marcadas, nítidas e evidentes. As três devem agora ser superadas. Isso deve ser feito não através da luta das três tendências entre si, mas sim através da luta desse conjunto contra o teatro burguês.

O neorrealismo

A primeira linha do atual teatro de esquerda é constituída por peças e espetáculos cujo principal objetivo é mostrar a realidade como ela é: peças que analisam a vida dos camponeses, dos operários, dos homens, procurando sempre o máximo de veracidade na apresentação exterior de locais, hábitos, costumes, linguagem e interior de psicologia. Este neorrealismo tem no momento em Plínio Marcos o seu principal cultor. Foi nesse gênero também que se iniciaram em dramaturgia alguns dos nossos melhores dramaturgos, como Guarnieri, Vianna Filho, Jorge Andrade, Roberto Freire e outros.

O realismo enfrenta, de início, um obstáculo principal: o diálogo não pode transcender nunca o nível de consciência do personagem; e este nada dirá ou fará que não possa ser feito ou dito na realidade desse próprio personagem. E, como na maioria dos casos, os camponeses, operários ou lumpens retratados não têm verdadeira consciência dos seus problemas – daí resulta que os espectadores ficam empaticamente ligados a personagens que ignoram a verdadeira situação e os verdadeiros meios de superá-la.

Essas peças, portanto, tendem a transmitir apenas mensagens de desespero, perplexidade e dores.

Anatol Rosenfeld ressaltou que esse tipo de peça tende a criar uma espécie de "empatia filantrópica": o espectador, por assistir à miséria alheia, julga-se absolvido do crime de ser ele também responsável por essa miséria. E isso porque o espectador chega a sentir vicariamente a miséria alheia: o espectador também sofre terríveis dores morais, embora comodamente refestelado numa poltrona.

Espetáculos desse tipo correm o risco de realizarem a mesma tarefa da caridade em geral e da esmola em particular: a esmola é o preço da culpa.

Porém, é igualmente certo que o dramaturgo pode criar personagens mais conscientes, ou personagens cuja conduta possa ser classificada de "exemplar". Isso muitas vezes já aconteceu, como, por exemplo, ocorre em *Eles não usam black-tie*, de Guarnieri, onde o protagonista Otávio se comporta como proletário absolutamente consciente dos problemas de sua classe. Na dramaturgia brasileira, porém, esta não é a regra. Mas não se pode, por outro lado, esquecer que o realismo cumpriu e cumpre tarefa de extrema importância ao retratar a vida brasileira, ainda que esta importância seja mais documental do que combativa. E, nos dias que correm, o teatro brasileiro carece de combatividade.

Sempre de pé

A segunda tendência é caracterizada, especialmente, pelo recente repertório do Arena e, em especial, pelo gênero *Zumbi*. É a tendência exortativa. Utiliza uma fábula do gênero "lobo e cordeiro", brancos e pretos, senhores feudais (grileiros) e vassalos (posseiros) etc., e através dessa fábula se esquematiza a realidade nacional, indicando-se os meios hábeis para a derrubada da ditadura, a instauração de uma nova justiça, e outras coisas lindas e oportunas. Insta-se a plateia a derrubar a opressão e até aí nada mal: o pior, no entanto, é que via de regra essas mesmas plateias são os verdadeiros esteios dessa mesma opressão. Espetáculos desse tipo, ao enfrentarem plateias desse tipo, defrontam-se com a surdez. O teatro "sempre de pé" só tem validade no convívio popular.

A exortação, os processos maniqueístas, as caracterizações de "grosso modo", as simplificações analíticas gigantescas foram também constantes nos espetáculos dos CPCs. Esta é a linguagem do teatro popular. A verdade não era nunca tergiversada – apenas a sua apresentação era simplificada.

A técnica maniqueísta é absolutamente indispensável a este tipo de espetáculo. Os repetidos ataques ao maniqueísmo partem sempre de visões direitistas que desejam, a qualquer preço, instituir a possibilidade de uma terceira posição, da neutralidade, da isenção, da equidistância, ou de qualquer outro conceito mistificador. Na verdade, sabemos que existe o bem e o mal, a revolução e a reação, a esquerda e a direita, os explorados e os exploradores. Quando a direita pede "menos" maniqueísmo, está na verdade pedindo que se apresente no palco também o lado bom dos maus e o lado mau dos bons – pede que se mostrem personagens que sejam bons "e" maus, da direita "e" da esquerda, revolucionários-reacionários, a favor "mas" muito antes pelo contrário. Pede que se mostre que os ricos também sofrem e que *"the best things in life are free"* como diz a canção (adivinha?!) americana. Pede que se mostre que todos os homens são iguais, quando nós pretendemos repetir, pela milionésima vez, que o ser social condiciona o pensamento social. Pede que se afirme que, já que todos os homens são simultaneamente bons e maus, devemos todos entrar para o rearmamento moral e torturadores devem simultaneamente purificar seus espíritos antes de cada sessão de tortura.

Que isto fique bem claro: a linha "sempre de pé", suas técnicas específicas, o maniqueísmo e a exortação – tudo isso é válido, atuante e funcional, politicamente correto, para frente etc. etc. etc. Ninguém deve ter pudor de exaltar o povo, como parece acontecer com certa esquerda envergonhada. O fato de Castro Alves ser um poetinha apenas na base do mais ou menos não anula a validade de versos libertários. Mas, igualmente, não se deve nunca esquecer que o verdadeiro interlocutor deste tipo de teatro é o povo, e o local escolhido para o diálogo deve ser a praça.

Chacrinha e Dercy de sapato branco

A terceira linha é o tropicalismo chacriniano-dercinesco-neorromântico. Seus principais teóricos e práticos não foram até o momento capazes de equacionar com mínima precisão as metas deste modismo. Por esse motivo muita gente entrou para o "movimento" e fala em seu nome e fica-se sem saber quem é o responsável por quais declarações. E estas vão desde afirmações dúbias do gênero: "nada com mais eficácia política do que a arte pela arte", ou "a arte solta e livre poderá vir a ser a coisa mais eficaz do mundo", passando por afirmações grosseiras do tipo: "o espectador reage como indivíduo e não como classe" (fazendo supor que as classes independem dos homens e os homens das classes), até proclamações verdadeiramente canalhas do tipo: "tudo é tropicalismo: o corpo de Guevara morto ou uma barata voando para trás de uma geladeira suja" (*O Estado de S. Paulo*, reportagem "Tropicalismo não convence", 30/04/1968). O primeiro tipo de afirmação só pode partir de quem nunca fez teatro para o povo, na rua, e portanto, prisioneiro de sua plateia burguesa, vocifera. Mas ao mesmo tempo resvala perigosamente para o reacionarismo quando (sem perceber que seus interlocutores são apenas e tão somente a burguesia) pede ao teatro burguês que incite a plateia burguesa a tomar iniciativas individuais. Ora, isto é precisamente o que a burguesia tem feito desde o aparecimento da *virtù* até Hitler, Mr. Napalm e LBJ. Mr. and Mrs. são incondicionais e ardorosos defensores da iniciativa individual, ultrapessoal e privada.

O tropicalismo, dado que pretende ser tudo e pois não é nada, apesar de seu caráter dúbio, teve pelo menos a virtude de fazer com que o Teatro Oficina deixasse de ser um museu de si mesmo, carregando eternamente seus *pequenos burgueses* e *quatro num quarto*, de fazer surgir a pouco explorada invenção do portunhol, e teve sobretudo a vantagem de propor a discussão, ainda que em bases anárquicas.

Ainda assim, por mais multifacetário que seja o movimento, algumas coordenadas são comuns e quase todos os chiquitos bacanos – e justamente estas características mais ou menos comuns são retrógradas e antipovo:

• O tropicalismo é neorromântico – todo o ressurgimento do romantismo baseia-se no ataque às aparências da sociedade; agride a usura desumana (o que faz supor a usura humanizada), agride os burgueses pederastas (excluindo assim os garanhões) e as burguesas lésbicas (excluindo as bem-aventuradas). Agride o predicado e não o sujeito.

• O tropicalismo é homeopático – pretende destruir a cafonice, pretende criticar o Chacrinha participando de seus programas de auditório. Porém, a participação de um tropicalista num programa do Chacrinha obedece a todas as coordenadas do programa e não às do tropicalista –, isto é, o cantor acata docilmente as regras do jogo do programa sem, em nenhum momento, modificá-las: veste-se à maneira do programa, canta as músicas mais indicadas para este tipo de auditório dopado e, finalmente, se essa plateia já está habituada a ganhar repolhos, o cantor, mais sutilmente, atira-lhe bananas.

• O tropicalismo é inarticulado – justamente porque ataca as aparências e não a essência da sociedade, e justamente porque essas aparências são efêmeras e transitórias, o tropicalismo não se consegue coordenar em nenhum sistema – apenas xinga a cor do camaleão. Seus defensores conseguem, apenas, alegar vagos desejos de "espinafrar", desejos de saltarem em "abismos vertiginosos", ou mais moderadamente declaram que "não há nada a declarar".

• O tropicalismo é tímido e gentil – pretende *épater*, mas consegue apenas *enchanter les bourgeois*. Quando um ou outro cantor se veste de roupão colorido isso me parece falta de audácia. Eu vou começar a acreditar um pouco nesse movimento quando um tropicalista tiver a coragem de fazer o que Baudelaire já fazia no século passado: andava com cabelos pintados de verde com uma tartaruga colorida atada por uma fitinha cor-de-rosa. No dia que um deles fizer coisa parecida é capaz até de dar uma boa dor de cabeça a um policial. (Será sem dúvida uma contribuição para a revolução brasileira.)

• O tropicalismo é importado – desde o desenvolvimentismo de JK, quando apareceu o cinema novo, a bossa nova e a nova dramaturgia brasileira, o Brasil não importava arte. Agora, em cinema, é comum assistir filmes dirigidos por Vincente Minelli (ou quase) para a MGM, coisas do gênero *Garota de Ipanema*; em teatro assiste-se à avalanche inglesa misturada com a crueldade provinciana copiada de Grotowski-Living Theater, e em música, depois do iê-iê-iê vemos a maioria dos nossos cantores procurando fantasias e até Roberto Carlos, que já era símbolo acabado da mais burra alienação, voltou da Europa com os óculos e os bigodes de John Lennon.

Estas são as características do tropicalismo – de todas, a pior é a ausência de lucidez. E esta ausência permite que qualquer um fale em nome de todos, chegando mesmo a aberrações do tipo da reportagem citada. Ora, Che Guevara significa, a um só tempo, um exemplo de luta e um método de conduzir essa luta. Se alguém afirma que o corpo do Che é tão tropical como uma barata voando estará apenas revelando o seu próprio caráter cafajeste e reacionário. Mas como dentro do tropicalismo ninguém define sua própria posição, qualquer imbecil de vista curta, ao balbuciar cretinices como essa, pretende falar em nome de todo o conjunto de havaianos – e estará efetivamente só falando até o momento em que algum tropicalista trace os limites do estilo que adotou.

Esta terceira tendência do teatro brasileiro atual é a mais caótica e é, também, aquela que, tendo sua origem na esquerda, mais se aproxima da direita. Sabemos que os seus principais integrantes não renunciaram à condição de artistas porta-vozes do povo. Mas não ignoramos, também, o perigo que corre todo e qualquer movimento que teme definições.

E agora?

Por estas vias tem-se manifestado a esquerda. Os transitórios possuidores dos canhões abriram seu jogo. Os políticos que ainda não caíram dos seus respectivos galhos estão compostos com os que mantêm o dedo no gatilho. Nenhuma perspectiva de diálogo se abre, principalmente porque não existe língua comum. As classes são compartimentos estanques – nunca o foram tanto. Os reacionários simplificaram seu jogo: todas as aparências de democracia foram desmitificadas por eles próprios. Sabe-se agora como é fácil para os opressores viverem na legalidade, defenderem a legalidade, já que são eles próprios os fabricantes de legalidade. Não foi o povo que fabricou atos institucionais e leis complementares. Além do arbítrio de fabricar leis, decretos e outros dispositivos, como se tal não bastasse, decidiu o governo ser mais sutil e resolver seus problemas estudantis e operários com as patas dos cavalos, os cassetetes e as balas. Maniqueísta foi a ditadura. Contra ela e contra os seus métodos deve maniqueisticamente levantar-se a arte de esquerda no Brasil. É preciso mostrar a necessidade de transformar a atual sociedade; é necessário mostrar a possibilidade dessa mudança e os meios de mudá-la. E isso deve ser mostrado a quem pode fazê-lo. Basta de criticar as plateias de sábado – deve-se agora buscar o povo.

Os caminhos atuais da esquerda revelaram-se becos diante do maniqueísmo governamental. Já nada vale autoflagelar-se realisticamente, exortar plateias ausentes ou vestir-se de arco-íris e cantar chiquita bacana e outras bananas. Necessário agora é dizer a verdade como é.

E como dizê-la? E mais: como sabê-la? Nenhum de nós, como artista, reúne condições de, sozinho, interpretar nosso movimento social. Conseguimos fotografar nossa realidade, conseguimos premonitoriamente vislumbrar seu futuro, mas não conseguimos surpreendê-la no seu movimento. Isto nós não conseguimos sozinhos, mas talvez possamos lográ-lo em conjunto. É necessário pesquisar a nossa realidade segundo ângulos e perspectivas diversas: aí estará seu movimento. Nós, dramaturgos, compositores, poetas, caricaturistas, fotógrafos devemos ser simultaneamente testemunhas e parte integrante dessa realidade. Seremos testemunhas na medida em que formos observados. Esta é a ideia da *1ª Feira Paulista de Opinião*.

O Teatro de Arena de São Paulo sabe ser necessária a superação da atual realidade artística: o simples conhecimento verdadeiro dessa realidade estará criando uma nova realidade. Será um passo muito simples, mas será um passo no sentido certo, no único sentido, pois o único sentido é a verdade. E a verdade será a *Feira*.

O sistema coringa
Rascunho esquemático de um novo sistema de espetáculo e dramaturgia
AUGUSTO BOAL

Objetivos

1. Estéticos:
- apresentar, dentro do próprio espetáculo, a peça e sua exegese;
- propor um sistema permanente de espetáculo-estrutura de texto e estrutura de elenco que inclua em seu bojo todas as técnicas, processos, gêneros e estilos – considerando cada cena autônoma dentro da organicidade do conjunto. O caráter multiforme do espetáculo é tornado orgânico, e a pluralidade de estilos é referida a um só estilo, através das explicações fornecidas pelo Coringa, que transforma o espetáculo em tribunal e fórum de fatos e ideias;
- estabelecer regras rígidas que permitam ao espectador conhecer de antemão as possibilidades de jogo de cada espetáculo;
- restaurar a liberdade plena de personagem-sujeito, dentro dos esquemas rígidos da análise da situação social; essa liberdade coordenada impede o caos subjetivista conducente aos estilos líricos: expressionismo, surrealismo etc...

2. Econômicos:
• o empobrecimento progressivo da população determina a necessidade de se criar um sistema com número fixo de atores para a apresentação de qualquer peça, independentemente do número de personagens, reduzindo o ônus de cada montagem – assim todas as montagens são viáveis;
• mobilidade para excursões.

3. Políticos:
• aumentar a viabilidade da popularização do teatro;
• através da função exegética do Coringa não permitir polivalências ou ambiguidades de interpretações: cada texto é o que declara ser.

Estrutura do elenco

O elenco será estruturado não segundo os personagens, mas sim segundo as funções dramatúrgico-teatrais que os atores possam desempenhar. Assim:

PROTAGONISTA – um ator identificado ao personagem através do qual a peça será enfocada; realidade concreta, naturalista: para comer necessita comida, para beber, água; Stanislavski e Antoine; o personagem tem a consciência do próprio personagem, e não a do ator que o interpreta; fotografia;

CORINGA – exatamente o oposto do Protagonista, realidade mágica; polivalente: pode representar qualquer personagem da peça, inclusive substituir o Protagonista, nos impedimentos determinados pela realidade naturalista deste; *meneur de jeu*, mestre de cerimônias, exegeta, conferencista, explicador, juiz, *raisonneur*, *kurogo* do teatro chinês, contrarregra etc... Pode interromper a ação e, em suas explicações, usar qualquer meio ou qualquer material: *slides*, filmes, diagramas, estatísticas, citações bibliográficas, poemas, documentos, notícias etc.;

CORO DEUTERAGONISTA – um Corifeu e qualquer número de atores; estes podem mudar de Coro, mas não de Corifeu; usam figurinos, não de personagens, mas das funções ou papéis sociais que os personagens desempenham dentro do texto; no caso de mais de um representar simultaneamente o mesmo papel ou função, os figurinos devem ser de tal forma a permitir que mais de um ator possa usá-los, simultaneamente. Os atores deste Coro desempenham qualquer papel de apoio ao protagonista;

Coro Antagonista – idêntico ao primeiro Coro, e no qual todos os atores podem desempenhar quaisquer papéis hostis ao Protagonista; também este Coro poderá livremente absorver atores do Coro oposto ou cedê-los, menos ao seu Corifeu;

Corifeu – participante do Coro que substitui o Coringa nos seus impedimentos. Os dois Corifeus em conjunto encarregam-se dos comentários inseridos no texto;

Orquestra Coral – fornece apoio musical e eventualmente canta a rubrica da peça e substitui o Corifeu nos seus impedimentos. Basicamente, flauta, violão e bateria – com todos os instrumentos similares executados pelo mesmo instrumentista. Eventualmente, colabora com o Coringa no que seja necessário às explicações do texto.

Este é o esquema básico; sobre ele, dependendo da peça a ser apresentada, podem ser feitas várias alterações, entre as quais:

- criar um novo Coro, Tritagonista, mantendo-se o esquema intacto em tudo o mais, todas as vezes que o sistema de forças em conflito fundamental exigir a presença de três blocos;
- aumentar o número de Protagonistas (exemplo de Romeu e Julieta); neste caso a função Coringa pode ser mantida ou suas características atribuídas aos Corifeus;
- eliminar o Protagonista criando-se dois Coringas que absorveriam também as funções dos Corifeus;
- mantendo-se os Corifeus, agrupar todos os atores em um só Coro do Coringa – no caso em que uma das forças em conflito necessite apenas de um ou poucos atores durante todo o espetáculo.

Cada caso particular ditará as modificações que se devam introduzir no sistema.

Estrutura de texto e de espetáculo

Todos os textos escritos ou adaptados ao sistema obedecerão, com as modificações necessárias, à seguinte estrutura:

DEDICATÓRIA – uma canção coletiva ou cena dedica o espetáculo a alguém ou alguma coisa;

EXPLICAÇÃO – uma explicação é uma quebra na continuidade da ação dramática, escrita sempre em prosa, fornecida pelo Coringa, em termos de conferência, e que procura colocar a ação segundo a perspectiva de quem a conta, no caso o Arena e seus integrantes. A explicação introdutória apresenta o texto, autoria, elenco, técnicas utilizadas, necessidade de renovação do teatro etc.;

CAPÍTULO – o primeiro ato conterá sempre mais um capítulo do que o segundo: 2x1, 3x2, 4x3... Um capítulo contém qualquer número de episódios, ligados entre si pelos comentários;

EPISÓDIO – é um todo completo de pequena magnitude, contendo ao menos uma variação qualitativa no desenvolvimento do enredo; pode ser dialogado, cantado ou resumir-se à leitura de um poema ou discurso, notícia ou documento, que determine mudança de qualidade no desenvolvimento da ação;

COMENTÁRIOS – escritos preferencialmente em poesia rimada, cantados pelos Corifeus ou pela Orquestra, servindo para ligar logicamente lance a lance ilusionisticamente. Considerando que cada lance tem o seu próprio estilo, os comentários devem advertir a plateia sobre as possíveis mudanças;

ENTREVISTA – muitas vezes a plateia necessita informações que os personagens não podem oferecer diante dos outros personagens no curso da ação. Esse problema já foi resolvido diversamente: técnica do aparte, técnica do monólogo, do pensamento falado etc. No sistema do Coringa, este interroga diretamente o personagem, entrevistando-o à maneira dos cronistas de esporte durante os intervalos das competições;

EXORTAÇÃO – cena final, em que o Coringa exorta a plateia, segundo o tema tratado.

OBSERVAÇÕES – o Teatro de Arena pretende estudar e analisar este sistema durante todo o correr da temporada de 1967, não só com o seu elenco principal, mas também com o seu Núcleo 2 e com os espetáculos isolados que porventura venha a montar. Não se pretende com isso resolver todos os problemas do teatro nacional, mas apenas dar um passo em busca de soluções. *Arena conta Tiradentes* é a primeira peça montada rigorosamente dentro do sistema e analisa os fatos e os feitos da Inconfidência Mineira e especialmente de Joaquim José da Silva Xavier, herói máximo da nossa Independência. Em Tiradentes, as razões e objetivos de cada inconfidente são expostas de forma que a plateia forme suas próprias opiniões [...] Todos os integrantes desse movimento são estudados e compreendidos, talvez de maneira pouco convencional.

Manifesto Oficina[10]
ZÉ CELSO

Nós somos muito desenvolvidos para reconhecer a genialidade da obra de Oswald. Nosso ufanismo vai mais facilmente para a badalação do óbvio sem risco do que para a descoberta de algo que mostre a realidade de nossa cara verdadeira. E é verdade que a peça não foi levada nem até agora, nem a sério. Mas hoje que a cultura internacional se volta para o sentido da arte como linguagem, como leitura da realidade através das próprias expressões de superestrutura que a sociedade espontaneamente cria, sem mediação do intelectual (história em quadrinhos, por exemplo), a arte nacional pode subdesenvolvidamente também, se quiser, e pelo óbvio, redescobrir Oswald. Sua peça está surpreendentemente dentro da estética mais moderna do teatro e da arte visual. A superteatralidade, a superação mesmo do racionalismo brechtiano através de uma arte teatral síntese de todas as artes e não artes, circo, *show*, teatro de revista etc.

    A direção será uma leitura minha do texto de Oswald e vou me utilizar de tudo que Oswald utilizou, principalmente de sua liberdade de criação. Uma montagem tipo fidelidade ao autor em Oswald é um contrassenso.

---

10. Manifesto por meio do qual José Celso Martinez Corrêa defende sua encenação de *O rei da vela*. Fonte: *Última Hora*, edição de 5 de fevereiro de 1968.

Fidelidade ao autor no caso é tentar reencontrar um clima de criação violenta em estado selvagem na criação dos atores, do cenário, do figurino, da música etc. Ele quis dizer muita coisa, mas como mergulhou de cabeça, tentando fazer uma síntese afetiva e conceitual do seu tempo, acabou dizendo muito mais do que queria dizer.

A peça é fundamental para a timidez artesanal do teatro brasileiro de hoje, tão distante do arrojo estético do Cinema Novo. Eu posso cair no mesmo artesanato, já que há um certo clima no teatro brasileiro que se respira, na falta de coragem de dizer e mesmo possibilidade de dizer o que se quer e como se quer.

Eu padeço talvez do mesmo mal do teatro do meu tempo, mas dirigindo Oswald eu confio me contagiar um pouco, como a todo o elenco, com sua liberdade. Ele deflorou a barreira da criação no teatro e nos mostrou as possibilidades do teatro como forma, isto é, como arte. Como expressão audiovisual. E principalmente como mau gosto. Única forma de expressar o surrealismo brasileiro. Fora Nelson Rodrigues, Chacrinha talvez seja o seu único seguidor sem sabê-lo.

O primeiro ato se passa num São Paulo, cidade símbolo da grande urbe subdesenvolvida, coração do capitalismo caboclo, onde uma massa enorme, estabelecida ou marginal, procura através da gravata ensebada se ligar ao mundo civilizado europeu. Um São Paulo de dobrado quatrocentão, que somente o olho de Primo Carbonari consegue apanhar sem mistificar. O local da ação é um escritório de usura, que passa a ser a metáfora de todo um país hipotecado ao imperialismo. A burguesia brasileira lá está retratada com sua caricatura – um escritório de usura onde o amor, os juros, a criação intelectual, as palmeiras, as quedas d'água, cardeais, o socialismo, tudo entra em hipoteca e dívida ao grande patrão ausente em toda ação e que faz no final do ato sua entrada gloriosa. É um mundo kafkiano, onde impera o sistema da casa. Todo ato tem uma forma pluridimensional, futurista, na base do movimento e da confusão da cidade grande. O estilo vai desde a demonstração brechtiana (cena do cliente) ao estilo circense (jaula), ao estilo de conferência, teatro de variedades, teatro no teatro.

O segundo ato é o ato da Frente Única Sexual passado numa Guanabara. Utopia de farra brasileira, uma Guanabara de telão pintado *made in the States*, verde e amarela. É o ato de como vive, como é o ócio do burguês brasileiro. O ócio utilizado para os conchavos. A burguesia rural paulista decadente, os caipiras trágicos, personagens de Jorge de Andrade e Tennessee Williams vão para conchavar com a nova classe, com os reis da vela e tudo sob os auspícios do americano. A única forma de interpretar essa falsa ação, essa maneira de viver *pop* e irreal, é o teatro de revista, a Praça Tiradentes. Assim como São Paulo é a capital de como opera a burguesia progressista, na comédia da seriedade da vida do *businessman* paulistano, na representação através dos figurinos engravatados e da arquitetura que, como diz Lévi-Strauss, parece ter sido feita para se rodar um filme. O Rio, ao contrário, é a representação, a farsa de revista de como vive o burguês, a representação de uma falsa alegria, de vitalidade que na época começava na Urca e hoje se enfossa na bossa de Ipanema.

O terceiro ato é a tragicomédia da morte, da agonia perene da burguesia brasileira, das tragédias de todas as repúblicas latino-americanas com seus reis tragicômicos vítimas do pequeno mecanismo da engrenagem. Um cai, o outro o substitui. Forças ocultas, suicídios, renúncias, numa sucessão de abelardos que não modifica em nada as regras do jogo. O estilo shakespeariano interpreta em parte principalmente através de análises do polonês Jan Kott esse processo, mas o mecanismo das engrenagens imperialistas – um mecanismo que não é o da história feudal, mas o mecanismo um pouco mais grotesco, mesmo porque se sabe hoje que ele é superável, passível de destruição. A ópera passou a ser a forma de melhor comunicar este mundo. E a música do Verdi brasileiro, Carlos Gomes, *O escravo* e o nosso pobre teatro de ópera, com a cortina econômica de franjas, douradas, pintadas, passam a ser a moldura desse ato.

Aparentemente há desunificação. Mas tudo é ligado às várias opções de teatralizar, mistificar um mundo onde a história não passa do prolongamento da história das grandes potências. E onde não há ação real, modificação na matéria do mundo, somente o mundo onírico, onde só o faz de conta tem vez.

A unificação de tudo formalmente se dará no espetáculo através das várias metáforas presentes no texto, nos acessórios, no cenário, nas músicas. Tudo procura transmitir essa realidade de muito barulho por nada, onde todos os caminhos tentados para superá-la até agora se mostram inviáveis. Tudo procura mostrar o imenso cadáver que tem sido a não história do Brasil destes últimos anos, à qual nós todos acendemos nossa vela para trazer, através de nossa atividade cotidiana, alento. 1933-1967: são 34 anos. Duas gerações pelo menos levaram suas velas. E o corpo continua gangrenado.

Minha geração, tenho impressão, apanhará a bola que Oswald lançou com sua consciência cruel e antifestiva da realidade nacional e dos difíceis caminhos de revolucioná-la. Ela não está ainda totalmente conformada em somente levar sua vela. São os dados que procuramos tornar legíveis em nosso espetáculo. E volto para meu trabalho. E volto para meu trabalho, para a redação do espetáculo-manifesto do Oficina. Espero passar a bola para frente com o mesmo impulso que a recebi. Força total. Chega de palavras: volto para o ensaio.

O teatro agressivo[11]
ANATOL ROSENFELD

Um dos traços mais característicos do teatro atual é a sua crescente violência e agressividade. O fenômeno é universal e se manifesta também no Brasil. A agressão pode verificar-se de duas maneiras. Ela pode manter-se dentro dos limites do palco, atacando o público de um modo indireto, pelo palavrão, a obscenidade (*Volta ao lar*, *Navalha na carne*) etc., ou pela veemência da sátira ou acusação dirigida contra personagens cênicas que representam amplas parcelas do público (por exemplo, o diretor do hospício da peça *Marat/Sade* ou certas personagens caricatas de *O rei da vela* que ridicularizam certas camadas paulistas).

A outra maneira, muito atual, frequentemente fundida com a primeira, leva a violência além do palco. A agressão é direta, atravessa a "ribalta" e visa de forma crassa aos espectadores presentes (concebidos em geral como representantes de classes ou camadas sociais). Como caso extremo, neste sentido, pode ser citada a peça alemã *Insulto ao público*, em que os atores, como porta-vozes do autor Peter Handke, agridem o público de cara, com expressões ofensivas (ou como tais usadas) como germanos murchos, caras de bofetada, malandros, trastes rejeitados pela civilização ocidental, assassinos, bestas, porcos nazistas, hordas vermelhas,

---

11. Artigo publicado no livro *Texto/Contexto I*, São Paulo: Perspectiva, 2009, pp. 45-57.

puxa-sacos, centopeias, zeros, sifilíticos, esclerosados, fascistas, abortistas – isto para só citar algumas palavras citáveis, entre as quais se encontram ainda, como suprassumo do insulto, as de "senhoras e senhores". A agressão direta pode, evidentemente, dispensar a palavra e verificar-se através de movimentos, gestos e ruídos chocantes ou mediante toda uma série de comportamentos que envolvem o público diretamente visado (a moldura do palco é furada por objetos arremessados à plateia, os atores descem à sala e sacodem espectadores etc.)

José Celso Martinez Corrêa, que no Brasil se tornou expoente virulento desse tipo de teatro, destaca que *O rei da vela*, peça da qual foi o encenador, "agride intelectualmente, formalmente, sexualmente, politicamente. Isto é, chama muitas vezes o espectador de burro, recalcado e reacionário" (ver *Aparte*, nº 1; todas as citações de José Celso são extraídas da entrevista publicada nesse periódico). Em várias entrevistas acentuou que pretende esbofetear o público e fazê-lo engolir sapos e até jiboias. É preciso salientar que não se pretende "retirar as cargas explosivas de todas as inovações", quando se incorpora os processos agressivos numa tradição, segundo a crítica que José Celso faz ao crítico Décio de Almeida Prado. O fato é que é dever do crítico referir os processos criativos à tradição para poder distinguir o que é novo. O novo só se destaca do pano de fundo do já feito. Não se diminui os méritos de José Celso, notável diretor do Teatro Oficina, quando se demonstra que o próprio Aristófanes agrediu os atenienses nas suas famosas parábases, chamando-os de desleais, injustos, ingratos, desavergonhados etc. – para não mencionar as obscenidades da sua dramaturgia, as quais, na época em que escreveu as suas comédias, apesar da sua raiz ritual, devem ter exercido certo efeito chocante, visto o próprio autor criticar as obscenidades dos seus colegas e concorrentes.

O teatro agressivo tem, de fato, a grande tradição de antitradicionalismo e antiacademismo, típica da arte moderna, cujos movimentos vanguardeiros muitas vezes se distinguem pela revolta violenta. A ruptura com os padrões do "bom comportamento", do "bom gosto" e da "ordem consagrada" é traço essencial da maioria dos movimentos artísticos do nosso século, desde o futurismo, expressionismo e dadaísmo. Tristan Tzara e seus amigos se propuseram especificamente a promover "noites de injúrias" a fim de flagelar e irritar o público. O terror de violência inerente ao surrealismo é conhecido. Marcel Duchamp, por sua vez, declarou que um dos fins principais da sua vida consistiu em "uma reação contra o bom gosto". O mesmo protesto caracteriza também o expressionismo, que se dirige contra todas as normas de imitar e configurar o mundo. Daí a destruição e deformação da realidade empírica, processo em que se exprime entre outras coisas um protesto veemente contra toda a civilização ocidental e burguesa.

No teatro essa revolta se manifesta no mínimo desde Alfred Jarry e seu *Ubu rei*, deflagrando depois, vigorosa, em obras de Apollinaire e Roger Vitrac. Em *Victor, ou les enfants au pouvoir* (Vitrac, 1928) uma bela moça se mostra incapaz de dominar a prisão de ventre. Vitrac estava ligado a Antonin Artaud, principal representante teórico do teatro violento, concebido como "foco de perturbação" e "irrupção vulcânica". Artaud influiu fortemente em Jean Genet, Peter Brook e José Celso, sem que se queira dizer com isso que todos tenham interpretado corretamente as intenções do grande propugnador de um teatro "total", antiliterário, baseado sobretudo na direção. Adepto da teoria da catarse, Artaud se empenha por um teatro concebido como espelho do inconsciente coletivo, capaz de libertar os recalques, ao ponto de, como a peste, impelir o espírito para a fonte originária dos conflitos. Como por meio da peste um abscesso gigantesco seria coletivamente drenado, assim "o teatro foi criado para extinguir abscessos coletivamente". A ação do teatro, tal como a da peste, "é benéfica pois, ao compelir os homens a verem-se como são, faz que a máscara tombe, põe a nu a mentira, o relaxe, a baixeza e a hipocrisia deste nosso mundo". Artaud prega o "teatro da crueldade" (não é aqui o lugar para definir este termo complexo, tal como usado por ele), um teatro mágico-onírico capaz de libertar as obsessões, o terror e a violência contidos nos nossos sonhos emanados do inconsciente. "É com a intenção de atacar, por todos os lados, a sensibilidade do espectador que advogamos um espetáculo repugnante que, em vez de tornar o palco e o auditório dois mundos fechados, sem comunicação possível, dissemine as suas explosões visuais e sonoras sobre a massa inteira dos espectadores".

Artaud e Brecht coincidem na sua luta contra o teatro digestivo ou culinário, assim como na tendência de obter uma nova relação entre palco e plateia. O desempenho épico, com direção ao público. O envolvimento deste num plano que suspenda a separação entre ator e espectador e force este a tomar parte mais ativa na ação, ultrapassando a identificação passiva da contemplação "desinteressada" – todas essas concepções elaboradas por Brecht correspondem de um outro modo às teses de Artaud.

Poder-se-iam encontrar outras analogias entre Brecht e Artaud. O que, no entanto, os separa radicalmente é o racionalismo crítico do primeiro e o irracionalismo "incandescente" do segundo; a severa disciplina estética e intelectual daquele (pelo menos na sua fase madura) e o impulso anárquico deste. Brecht criou um teatro sócio-político de tendência imanentista, Artaud imagina um teatro essencialmente metafísico. É verdade, também Brecht procura atingir o público através de recursos de choque, mas estes se dirigem sobretudo à sensibilidade, à imaginação e ao intelecto concebido como faculdade superior do ser humano, aliás de modo algum separada do domínio dos impulsos e emoções. O teatro agressivo, ao contrário, tende a golpear ou pelo menos coçar os nervos, o estômago e outros órgãos geralmente considerados como pouco relevantes para a apreciação estética.

José Celso, a julgar pelas suas últimas encenações (o gigantesco boneco de *O rei da vela* corresponde a recomendações de Artaud) e pelo seu manifesto-entrevista, segue muito mais a linha do teórico francês que a do dramaturgo alemão, criando embora uma forma original, bem brasileira de encenação. Com efeito, se o diretor confessa que "hoje não acredito mais na eficiência do teatro racionalista", é verdade que tampouco acredita no "pequeno teatro da crueldade", mas isso não se refere a Artaud, cuja concepção é tudo menos pequena. O que José Celso exige é "um teatro da crueldade brasileiro", "teatro anárquico, cruel, grosso como a grossura da apatia em que vivemos". O famoso violão portátil de Sérgio Ricardo, quebrado de encontro à cara do público, precisa multiplicar-se, segundo José Celso. Considerando o público a que se dirige, a eficácia de uma peça não se mediria pela exatidão sociológica (ou seja, pela sua verdade), "mas pelo nível de agressividade". "Não se trata mais de proselitismo, mas de provocação", cabendo ao teatro "degelar, na base da porrada", a classe média que frequenta os teatros. "O sentido da eficácia do teatro hoje é o sentido da guerrilha teatral. Da anticultura, do rompimento com todas (as) grandes linhas do pensamento humanista. Com todo (o) descarregamento possível, pois sua eficácia hoje somente poderá ser sentida como provocação cruel e total", através de uma arte que "será ameaçadora, perigosa" e que "testemunhará [...] toda esta fase violenta e descarada que o Brasil e o mundo estão atravessando".

Entende-se a ira deste (e de outros) *angry young man* em cujo manifesto transparece algo dos motivos profundos do teatro agressivo atual. O impulso criativo e o potencial de forças devem ser investidos "no sentido de deixar vir nossa ira recalcada à tona". Não se pode deixar de notar o senso de justiça e o *páthos* da sinceridade que se manifestam muitas vezes através da irrupção dessa ira vomitando visões obscenas, blasfemas e asquerosas. Em alguns casos parece revelar-se um desejo quase religioso de catarse, de uma grande purgação coletiva; desejo que não hesita em transformar o palco, eventualmente, em verdadeiro purgante, em lugar escatológico, tanto no sentido fecal como religioso. O impulso de arrancar a máscara de um mundo mentiroso, cínico e hipócrita é legítimo. A máscara – símbolo do teatro e de Dionísio, deus do teatro – sempre serviu para desmascarar as aparências e convenções e revelar a verdade. Não há dúvida de que o morno conformismo de amplas camadas saturadas, mantido em face de um mundo violento e ameaçador, repleto de miséria terrível, exige recursos fortes para ser abalado. A "ira recalcada" decerto se liga também a um sentimento de urgência. Profundas mudanças socioculturais se verificam com uma velocidade nunca antes conhecida, devido às várias revoluções científicas, técnicas e industriais dos últimos dois séculos. Encontramo-nos num limiar cultural, enfrentando crises imprevisíveis, crises talvez só comparáveis àquelas que abalaram todas as estruturas da época neolítica, quando a cultura dos caçadores foi substituída por aquela dos camponeses e pastores. No entanto, os que dirigem os destinos dos povos – em geral demasiado velhos para sequer entender a linguagem da juventude, fincados ainda, em face da velocidade das mudanças, numa cultura quase arcaica, totalmente diversa daquela dos jovens – pensam em reformas, na medida em que nelas pensam, em termos de décadas, quando hoje se impõe pensar em termos de anos e meses. Na época do biquíni, quando uma moça de 14 anos explica ao pai enrubescido o que (e para que fim) se encontra na caixa do freguês asiático do bordel parisiense, no filme de Buñuel, a censura defende ainda preceitos da era vitoriana. É dever dos intelectuais e artistas, cujas funções incluem a da crítica, analisar criticamente semelhantes contradições e, se necessário, manifestar a sua revolta em face delas. Cabe-lhes advertir e chamar a atenção sobre a necessidade urgente de adaptar, na medida do possível, a realidade aos valores oficialmente consagrados (por exemplo, democracia, igualdade, liberdade) e quase sempre inscritos nas próprias constituições. É imperativo categórico, para o intelectual e artista, desmascarar a perversão semântica dos termos e o uso mistificador das ideias e dos ideais. Quando a tensão entre as metas e a realidade, entre a verdade e a retórica, entre a necessidade de transformações e a manutenção do *status quo*, entre a urgência da ação e o conformismo geral se torna demasiado dolorosa, é inevitável a "ira recalcada" e a violência das manifestações artísticas.

No uso do palavrão, indispensável na correta abordagem dramatúrgica de certos ambientes (que não podem ser vedados à arte) exprime-se, ademais, o curto-circuito da explosão irada que despreza a metafórica ornamental de eufemismos elegantes; a aspiração à verdade, o cansaço de circunlóquios manhosos, o desejo de abalar convenções tidas como ultrapassadas. Manifesta-se neste emprego ainda a vontade de, através do choque, romper a moldura estética a fim de tocar a realidade. É evidente que este recurso, geralmente ligado ao uso agressivo do obsceno, do repugnante e da blasfêmia, somente merece ser defendido quando tenha relevância como elemento significativo dentro do contexto de uma verdadeira obra de arte de cuja totalidade lhe vem o sentido. Sem isso se tratará de mera pornografia, de subliteratura ou subteatro.

Entretanto, dentro da obra de arte moderna, o obsceno, o repugnante e mesmo a blasfêmia, além de sua eventual necessidade proveniente do contexto (quando se trata de manifestações de personagens tais como rufiões, neuróticos, angustiados em crise religiosa etc.), podem ter ainda o significado específico de uma agressão destinada a romper os padrões da estética tradicional que concebe a arte como campo lúdico isolado da vida real. A essa esfera segregada do objeto (ou da representação) artístico corresponde, no que tange aos apreciadores, a teoria clássica do "agrado desinteressado", ressaltada particularmente por Kant. Trata-se de um "prazer estético" que, protegido pela moldura do campo lúdico, nunca chega a impelir os nossos impulsos em direção ao real, já que a mera "aparência", a mera ficção e representação não atingem a nossa vontade (esta sempre é "interessada" na presença real dos objetos, não se satisfazendo com a sua representação). Atingem apenas a sensibilidade, a imaginação e o entendimento, faculdades cujo jogo harmônico, ligado à pura contemplação do objeto, nos proporcionaria aquele prazer destituído de interesse vital.

A arte moderna parece esforçar-se por ultrapassar este campo lúdico. Por isso mesmo insiste em produzir *frissons* e choques a fim de suscitar realidade. O obsceno tende a romper a moldura daquele agrado desinteressado, isto é, de um prazer que não atira os nossos impulsos em direção ao real. Segundo alguns antropólogos, certas cores e sons, que no mundo animal suscitam reações vitais (sexuais), exerceram originalmente efeito semelhante também sobre o *homo sapiens*. Somente em fases tardias o homem "desligou" tais reações suscitadas por determinados estímulos, os quais, desta forma, de vitais se transformaram em puramente estéticos. O choque do obsceno seria capaz de reconquistar a dimensão do estímulo vital, provocando uma reação "interessada", isto é, uma atitude não meramente contemplativa.

Kant, de resto, não se dirige explicitamente contra o obsceno, mas somente contra um tipo do feio (o feio é uma categoria estética importante, tanto dos estilos modernos quanto do barroco, para não falar dos monstros mitológicos, tão importantes na arte antiga). O único tipo do feio não admitido por Kant é o repugnante. Este, suscitando nojo (reação vital negativa), impõe a realidade, visto que nesse caso "a representação artística do objeto já não pode ser diferenciada, na nossa sensibilidade, da própria natureza do objeto como tal", isto é, o asco, como reação vital, impede a atitude contemplativa e com isso a atitude desinteressada e a ilusão estética. A inclusão consciente do nauseabundo na arte atual (pense-se, por exemplo, nos romances de Sartre e Grass) tem razões variadas (algumas delas filosóficas). Ela é característica, de qualquer modo, de uma arte que não admite ser confinada à esfera lúdica, procurando ultrapassá-la para infundir-lhe mais virulência e poder agressivo.

Funções semelhantes exercem o obsceno e a blasfêmia (esta, precisamente pela negação, invoca poderosamente a presença da esfera religiosa). Trata-se em todos os casos de um protesto, de uma provocação (para falar como José Celso), de uma atitude inconformista, da imposição violenta da realidade, nos seus aspectos vitais, religiosos, morais, assim como da representação contundente da decomposição dessas realidades. Categoria importante, na arte moderna, é também o humor negro, que se enquadra perfeitamente nas concepções expostas. Este tipo de humor torna-se chocante devido ao modo sereno, indiferente ou mesmo alegre e satisfeito com que são apresentados aspectos tétricos da realidade. O humor negro revela um mundo perverso através da própria perversidade da maneira de revelar. Os aspectos horrendos do mundo não devem ser humanizados através do enfoque "poético" e embelezador que tende a dar sentido mesmo ao absurdo. O assassino em massa não deve ser encampado pela compaixão sem compromisso e pela retórica oficial do "eles não morreram em vão". O etos do humor negro é a convicção de que seria desumano humanizar o desumano e obsceno, num sentido mais fundamental, suscitar prazer estético através da representação piedosa e perfumada do terrível.

Reconhecer a eventual viabilidade estética de um teatro agressivo e violento, assim como os motivos frequentemente justos da sua manifestação, não implica acreditar, desde logo, no seu valor geral e na sua eficácia necessária, no sentido de abalar o conformismo de amplas parcelas do público. A violência pode certamente funcionar – e tem funcionado – no caso de peças e encenações excelentes ou ao menos interessantes. O mérito de José Celso no terreno artístico é indiscutível. Mas fazer da violência o princípio supremo, em vez de apenas elemento num contexto estético válido, afigura-se contraditório e irracional.

Contraditório porque uma violência que se esgota na "porrada" simbólica e que, por falta de verba, nem sequer se pode admitir o arremesso de numerosos violões, tendo de limitar-se ao lançamento de palavrões e gestos explosivos, é em si mesma, como princípio abstrato, perfeitamente inócua. Contraditória ainda porque a violência em si, tornada princípio básico, acaba sendo mais um clichê confortável que cria hábitos e cuja força agressiva se esgota rapidamente. Para continuar eficaz – isto é, chocante – ela teria de crescer cada vez mais até chegar às vias de fato. Num *happening* desta ordem a companhia deve nutrir duas esperanças contraditórias: 1) (por razões de eficácia e orgulho profissional) a de que o público, vigorosamente provocado, responda com vigor, e 2) (por razões financeiras) a de que haja um número bem maior de espectadores que de atores, de modo que estes apanhem violentamente.

Além disso, é completamente irracional uma violência que, desligada da "exatidão sociológica" e, possivelmente, da validade artística e da interpretação profunda da realidade, se apresenta como único critério de eficácia de uma peça. É irracional na medida em que é concebida apenas como explosão de "ira recalcada", sem ser posta a serviço da comunicação estética, incisiva e vigorosa, de valores positivos ou negativos, valores em conflito, valores criticados ou exaltados. A mera provocação, por si mesma, é sinal de impotência. É descarga gratuita e, sendo apenas descarga que se comunica ao público, chega a aliviá-lo e confirmá-lo no seu conformismo. O público burguês, de antemão informado pela crítica e pelos conhecidos, paga dinheiro para ser agredido e insultado e os *gourmets* em busca de pratos requintados adoram engolir sapos e jiboias, quando não há necessidade de esforço intelectual. Quanto à companhia teatral, fornece docilmente os insultos e sapos encomendados. Deste teatro neoculinário, que estabelece uma situação morna de conluio sadomasoquista, o público burguês acaba saindo sumamente satisfeito, agradavelmente esbofeteado, purificado de todos os complexos de culpa e convencido do seu generoso liberalismo e da sua tolerância democrática, já que não só permite, mas até sustenta um teatro que o agride (no íntimo, porém, sabe perfeitamente que um teatro que é provocação, apenas provocação e nada mais, não o atinge de verdade).

Estas observações críticas deveriam ter sido formuladas na forma do condicional, já que não se referem a quase nenhuma realidade teatral presente. Referem-se, em essência, a um teatro imaginário, tal como provavelmente viria a se constituir com rigor caso se baseasse nas exposições teóricas de José Celso.

Nota – Este artigo foi escrito bem antes do assalto brutal ao Galpão[12], assalto que evidentemente não representa uma reação da plateia, mas de um grupo fascista organizado, inteiramente alheio ao público agredido pela peça. De resto, considero a encenação de *Roda viva* de alta qualidade profissional, criticando apenas as concepções teóricas de José Celso. A.R.

---

12. Sala do Teatro Ruth Escobar onde estava sendo encenada *Roda viva*.

AGRADECIMENTOS

A condição de amante do teatro, que cultivo desde os anos 80, quando pela primeira vez me envolvi profissionalmente com essa gente maluca e maravilhosa, não teria sido suficiente para cumprir com um mínimo de competência o desafio que me foi proposto pelo Sesc São Paulo: reviver, por ocasião do cinquentenário desses eventos, a saga da heroica resistência do teatro brasileiro à ditadura civil-militar, que em 1968, com o AI-5, tirou a máscara da "revolução democrática contra o comunismo e a corrupção" para mergulhar o Brasil nos anos de chumbo da repressão e do arbítrio que perdurariam até 1985.

Em 1968 eu já era assíduo frequentador de teatro, o que em certa medida permitiu ao então jovem jornalista acompanhar de perto alguns episódios relevantes dessa saga que honra a memória da luta pela democracia no Brasil. Mas para colocar nesse pequeno livro, no prazo e orçamento disponíveis, uma história tão verdadeira quanto o permite a perspectiva do tempo, tive que recorrer, é óbvio, à literatura e documentação existentes, mas principalmente ao testemunho vivo da gente do teatro, entre os quais estão incluídos profissionais da imprensa e da academia que são estudiosos e guardiões da memória das artes cênicas entre nós. A esses devo os melhores agradecimentos e o crédito pelo valor histórico que esta modesta obra possa ter.

Infelizmente, por motivos, digamos, de força maior, não foi possível convidar para entrevistas todos os artistas e profissionais relacionados na lista ideal que elaborei ao planejar o livro. Mas aqueles com quem gravei longas e proveitosas conversas deram contribuições importantes e originais, especialmente sobre a complexa dimensão artística do fazer teatral, e também sobre personagens e episódios relevantes. Por essa inestimável ajuda devo agradecer as preciosas colaborações do jornalista Jefferson del Rios, autor de obras importantes sobre teatro; das mestras Mariangela Alves de Lima – uma das mais destacadas críticas teatrais do país – e Walnice Nogueira Galvão; da teatróloga e pesquisadora Maria Thereza Vargas, colaboradora e parceira de Alfredo Mesquita, Cacilda Becker e Sábato Magaldi, entre outros; dos atores Sérgio Mamberti e Luiz Serra, que viveram a epopeia de 1968; e à editora Gita Guinsburg, pela gentil cessão do texto "O teatro agressivo", de Anatol Rosenfeld. A todos, os meus melhores agradecimentos, inclusive pela bibliografia e pelo material de referência que tiveram a generosidade de me emprestar.

Um agradecimento especial a três outros amigos: Sergio de Carvalho, que domina como poucos no Brasil a teoria e a prática do teatro; Oswaldo Mendes, jornalista, escritor, ator e diretor, amigo que generosamente se dispôs a fazer uma leitura crítica dos originais deste livro, o que certamente contribuiu para melhorá-lo, bem como a escrever a "orelha" – depois que prometeu só falar bem do texto. E, ainda, a meu velho amigo Eduardo Tolentino de Araújo, fundador e diretor do Grupo Tapa, a quem também solicitei uma leitura crítica dos originais, que resultou em aperfeiçoamento de algumas passagens importantes. Desconfio de que, além de sua devoção ao teatro, o Eduardo se tenha dedicado a essa tarefa para dar-me o troco pelas observações, quase sempre impertinentes, que vez ou outra ouso fazer sobre seus espetáculos.

OBRAS CONSULTADAS

ALMADA, Izaías. *Teatro de Arena – Uma história de resistência*. São Paulo: Boitempo, 2004.

ALMEIDA PRADO, Décio de. *O teatro brasileiro moderno*. São Paulo: Perspectiva/Edusp, 1988.

ALVES DE LIMA, Mariangela; VARGAS, Maria Thereza. *Teatro operário na cidade de São Paulo*. São Paulo: Centro de Pesquisa de Arte Brasileira/Secretaria Municipal de Cultura, 1980.

BALBI, Marília. *Em cena aberta – Fernando Peixoto*. Coleção Aplauso Perfil. São Paulo: Imprensa Oficial do Estado de São Paulo, 2009.

BOAL, Augusto. *Hamlet e o filho do padeiro – Memórias imaginadas*. Rio de Janeiro/São Paulo: Record, 2000.

CASTELO BRANCO, Carlos. *Os militares no poder*. Vol. 1. Coleção Brasil Século 20. Rio de Janeiro: Nova Fronteira, 1976.

_____. *Os militares no poder – O ato 5*. Vol. 2. Coleção Brasil Século 20. Rio de Janeiro: Nova Fronteira, 1976.

COMISSÃO Estadual de Teatro. *Anuário Teatro Paulista 1967*. São Paulo, 1967.

_____. *Anuário Teatro Paulista 1968*. São Paulo, 1968.

CRUZ, Osmar Rodrigues; CRUZ, Eugênia Rodrigues. *Osmar Rodrigues Cruz – Uma vida no teatro*. São Paulo: Hucitec, 2001.

DA SILVA, Armando Sérgio. *Oficina: do teatro do te-ato*. Coleção Debates. São Paulo: Perspectiva, 1981.

DEL RIOS, Jefferson. *Bananas ao vento: meia década de cultura e política em São Paulo*. São Paulo: Senac, 2006.

_____. *O teatro de Victor Garcia: a vida sempre em jogo*. São Paulo: Edições Sesc, 2012.

Fernandes, Nanci; Vargas, Maria Thereza. *Uma atriz: Cacilda Becker*. Coleção Estudos. São Paulo: Perspectiva/Secretaria de Estado da Cultura, 1984.

Magaldi, Sábato. *Panorama do teatro brasileiro*. São Paulo: Global, 1997.

_____; Vargas, Maria Thereza. *Cem anos de teatro em São Paulo (1875-1974)*. São Paulo: Senac, 2000.

Marcos, Plínio. *Figurinha difícil – Pornografando e subvertendo*. São Paulo: Senac, 1986.

Melo, Elderson Melo de; Andraus, Mariana Baruco M., "Amador e profissional no teatro brasileiro: motivações ideológicas e aspectos econômicos na identidade de grupos teatrais do início do século xxi". *Conceição/Conception*. Instituto de Artes-Unicamp. Disponível em: <https://periodicos.sbu.unicamp.br/ojs/index.php/conce/article/view/8647678/14557>. Acesso: 17 set. 2018.

Mendes, Oswaldo. *Bendito maldito*. São Paulo: Leya, 2009.

Michalski, Yan. *O teatro sob pressão: uma frente de resistência*. Coleção Brasil, os anos de autoritarismo. Rio de Janeiro: Jorge Zahar, 1985.

Rofran, Fernandes. *Teatro Ruth Escobar – 20 anos de resistência*. São Paulo: Global, 1985.

Rosenfeld, Anatol. "O teatro agressivo". *Texto/Contexto 1*. São Paulo: Perspectiva, 2009.

Schwarz, Roberto. *Cultura e política*. São Paulo: Paz e Terra, 2007.

Seixas, Élcio Nogueira. *Renato Borghi – Borghi em revista*. Coleção Aplauso Perfil. São Paulo: Imprensa Oficial do Estado de São Paulo, 2008.

Serviço Social do Comércio – São Paulo. *Teatro Sesc Anchieta – Um ícone paulistano*. São Paulo: Edições Sesc, 2017.

Teatro de Arena; Laboratório de Investigação em Teatro e Sociedade. *1ª Feira Paulista de Opinião*. São Paulo: Expressão Popular, 2016.

Van Steen, Edla (org.). *Amor ao teatro: Sábato Magaldi*. Coletânea de críticas teatrais. São Paulo: Edições Sesc, 2014.

Ventura, Zuenir. *1968: o ano que não terminou*. 14ª ed. Rio de Janeiro: Nova Fronteira, 1988.

Vianna Filho, Oduvaldo; Laboratório de Investigação em Teatro e Sociedade. *Peças do cpc: A mais-valia vai acabar, seu Edgar e Mundo enterrado*. São Paulo: Expressão Popular, 2016.

CRÉDITOS DAS IMAGENS

Acervo Célia Helena Centro de Artes e Educação – pp. 10, 49 e 51
Acervo Teatro Oficina – p. 53
Arquivo/Estadão Conteúdo – pp. 8, 63 (dir.), 78, 82-3, 96, 105, 128-9, 131
Cecilia Thompson/Estadão Conteúdo – p. 30
Derly Marques – p. 3
Jô Soares – p. 71
Kathia Tamanaha/Estadão Conteúdo – p. 80
Kenji Honda/Estadão Conteúdo – p. 91
Paulo Leite/Estadão Conteúdo – p. 33
Rolando de Freitas/Estadão Conteúdo – p. 63 (esq.)
Solano de Freitas/Estadão Conteúdo – p. 74
Tiago Queiroz/Estadão Conteúdo – p. 37
Wikicommons (disponível em: <https://commons.wikimedia.org/wiki/File:Tanques_ocupam_a_Avenida_Presidente_Vargas,_1968-04-04.jpg?uselang=pt-br>) – p. 98

Todos os esforços foram realizados para obtermos a permissão de fotógrafos e retratados e também para identificar alguns atores, mas nem sempre tivemos sucesso. Caso recebamos informações complementares, elas serão devidamente creditadas na próxima edição.

Agradecemos a gentil colaboração da Agência Estado, da equipe do Célia Helena Centro de Artes e Educação (em especial Lígia Cortez e Eleonor Pelliciari), de Cecília Boal e do fotógrafo Derly Marques.

SOBRE O AUTOR

Jornalista, comunicador social e editor de livros, A. P. Quartim de Moraes trabalhou, sucessivamente, no *Estadão*, na revista *Visão* e no Governo do Estado de São Paulo. Foi secretário de Imprensa do governador Franco Montoro; coordenador de Comunicação Social da antiga Nossa Caixa--Nosso Banco – onde criou o projeto teatral "Arte em Cena"; gerente de Comunicação Social da Fundação Memorial da América Latina; e assessor de Comunicação Social da Secretaria da Cultura do Estado, na gestão de Ricardo Ohtake. Em 1995 planejou, implantou e dirigiu, por sete anos, a Editora Senac-SP. Depois criou sua própria editora, a Códex/Conex, e foi editor associado das casas Ediouro e Global. De volta ao jornalismo, foi articulista e editorialista do *Estadão* de 2009 a 2017.

Fonte ARNO | *Papel* ALTA ALVURA 75 G/M²
Impressão ESKENAZI INDÚSTRIA GRÁFICA | *Data* OUTUBRO 2018